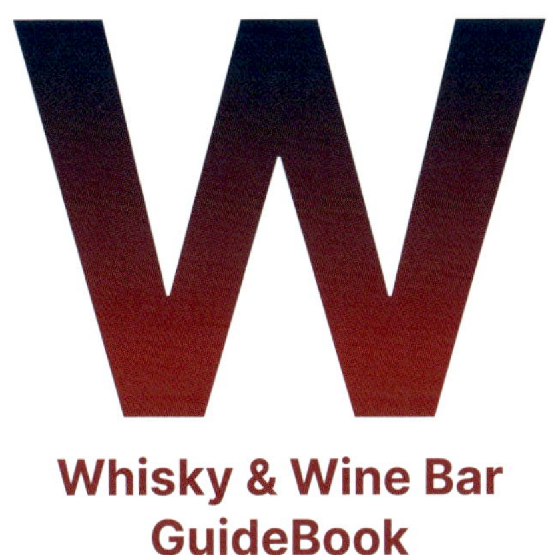

Whisky & Wine Bar
GuideBook

도심 속
애주가를 위한
와인&위스키바
100

Whisky & Wine Bar GuideBook

Whisky Guide

**위스키,
쉽게 알고 트렌디하게 즐기기**

캐스크와 시간이 만든 '향과 깊이의 예술'

위스키는 단순히 '독한 술'이라기보다 곡물과 물, 효모가 만들어내는 발효, 증류, 숙성을 통해 완성되는 시간의 예술품이다. 다양한 곡물과 숙성 환경에 따라 무궁무진한 맛과 향이 펼쳐진다. 우선 대중적으로 알려진 위스키는 단연 스카치다. 스코틀랜드에서 만든 위스키로, 싱글 몰트와 블렌디드로 나뉜다. 싱글 몰트는 한 증류소의 몰트 원액으로 만들어 향이 깊고 개성이 강하며, 블렌디드는 여러 원액을 섞어 균형감과 부드러움을 강조한다. 지역에 따라 스모키함, 바다 내음, 과일 향 등 특징이 달라 마셔보는 재미가 있다.

꿀과 같은 달콤한 쪽을 좋아하면 버번이 잘 맞는다. 옥수수 비중이 높고 버진 오크에서 숙성해 바닐라·카라멜 느낌이 잘 난다. 반대로 좀 더 매콤하고 드라이한 맛을 원하면 라이를, 깔끔하고 부드러운 인상을 원하면 아이리시를 떠올리면 된다. 최근에는 섬세하고 균형감 있는 맛과 향을 전하는 일본 위스키, 열대의 강렬함을 더하는 대만의 위스키 등이 인기를 끌며, 다채로움의 묘미를 즐길 수 있게 되었다. 하이볼로 가볍게 시작할 수 있고, 바에서 그날의 분위기나 기분 혹은 취향에 맞춰 선택하거나 추천받을 수 있다. 니트로 한 잔을 그대로, 다음엔 물 한 방울을 넣어서. 또 다음엔 하이볼이나 다양한 칵테일로 즐기며, 증류소마다의 철학과 캐스크에 담긴 시간의 깊이를 느낄 수 있다.

Wine Guide

**한 잔으로 시작하는
와인 이야기**

인류와 가장 오래도록 함께 해온 술, 와인

누구나 한 번쯤 와인숍에 들어가서 진열돼 있는 어마어마한 종류의 와인들을 보고 눈이 휘둥그레진 경험이 있을 것이다. 와인은 외국어가 가득하고 품종, 산지, 빈티지 같은 단어들이 많아서 처음엔 낯설게 느껴지지만 이 모든 것을 알아야 즐길 수 있는 것은 아니다.

와인은 포도를 발효시켜서 만든 술로, 기본적으로 레드, 화이트, 로제, 스파클링으로 나뉜다. 레드와인은 껍질째 발효해 색과 탄닌이 있고, 화이트와인은 껍질을 제거해 산도와 향이 중심이 된다. 로제는 그 중간 성격으로 가볍고 산뜻하다. 마지막으로 스파클링 와인은 이산화탄소가 포함된 발포성 와인이다. 와인의 맛을 결정하는 핵심 요소는 산도, 당도, 알코올, 탄닌, 바디감이다. 산도는 간단히 말하자면 상큼함으로 음식 궁합을 좌우하고, 탄닌은 떫은 질감으로 주로 레드와인에 존재한다. 바디감은 입안에서 느껴지는 무게감이다.

와인을 고를 때는 어려운 설명보다 취향이나 오늘의 기분 또는 음식을 기준으로 삼는 것이 가장 좋다. 혼술엔 가볍고 산뜻한 와인을 울적한 날이면 포트와인도 좋으며, 식사엔 음식의 간과 기름기를 고려하면 실패가 적다. 이 책이 당신만의 와인을 찾는데 작은 힌트가 되길 바란다.

Traditional liquor Guide

우리 전통주,
제대로 알고 마시기

천년의 발효 문화가 빚어낸 한국의 술

한국의 전통주는 단순한 술이 아니라 우리 조상들의 지혜와 자연이 만들어낸 발효 예술품이다. 쌀, 누룩, 물 세 가지 재료로 시작해 무궁무진한 맛과 향을 빚어내는 전통주의 세계를 소개한다. 우선 가장 대중적인 전통주는 단연 막걸리다. 가장 대중적인 전통주로 쌀을 발효시켜 거르지 않아 뿌연 백색을 띤다. 알코올 도수 6~8도로 부드럽고 달콤하며 유산균이 풍부해 건강에도 좋다. 지역마다 특색이 있어 맛보는 재미가 있다.

청주는 막걸리를 한 번 더 거른 맑은 술로, 알코올 도수가 12~18도 정도다. 깔끔하고 은은한 쌀의 단맛이 특징이며 제사나 명절 같은 중요한 날에 주로 사용되었다. 약주는 청주에 한약재나 과일을 첨가해 빚은 술이다. 소주는 증류주로 알코올 도수가 25도 이상이다. 현재 시판되는 희석식 소주와 달리 전통 소주는 발효주를 증류해 만든다. 과실주로는 매실주, 오미자주, 복분자주 등이 있다. 과일의 당분과 영양이 술에 녹아 있어 달콤하고 향긋하다.

우리 땅에서 나고 자란 재료로 만든 술, 계절의 변화를 담은 술을 마시는 것은 단순한 음주를 넘어 우리 문화를 경험하는 일이다. 전통주 한 잔에는 우리 조상들의 지혜와 정성, 그리고 자연의 순환이 담겨 있다.

김송은

틈틈이 기록한 길 위의 이야기들로 여행책을 쓰는 여행작가, 여행 매거진 리무브 편집장이자 국제와인전문가 자격증 있는 와인 애호가이다. 여행을 기록하기 위해 술을 마시고, 술을 마시기 위해 여행을 하며 자연스럽게 술이 있는 공간을 기록하게 되었다. 여행, 술, 사람이 어우러지는 순간을 사랑한다. 오늘도 한 잔의 이유를 찾으며 글을 쓰고 있다.

김소연

여행 콘텐츠를 중심으로 다양한 책을 만드는 여행 작가이자 '비파이브크루'라는 이름의 출판사를 운영하고 있다. 각기 다른 향과 매력, 이야기가 스민 소도시 여행을 좋아하고 미식을 찾는 과정에서 자연스럽게 지역의 이색적인 술을 접하게 되었다. 좋아하는 이들과 함께 했던 한 잔의 즐거움을 기록하고 싶은 마음을 이 책 한 권에 담았다.

권윤호

오랜 기간 고등학교에 근무했으며 교육대학원 강사로도 활동하고 있다. 여행 작가를 자처하며 공간과 사람에 대한 애정을 나누고자 한다. 위스키의 향과 풍미가 전하는 진실함에 이끌려 W가이드북 공저를 시작했다. 이 책에서는 시간이 지나도 변질되지 않는 위스키와 공간 그곳을 채우는 사람들, 그리고 분위기가 만들어내는 여유를 전하고자 한다.

Contents

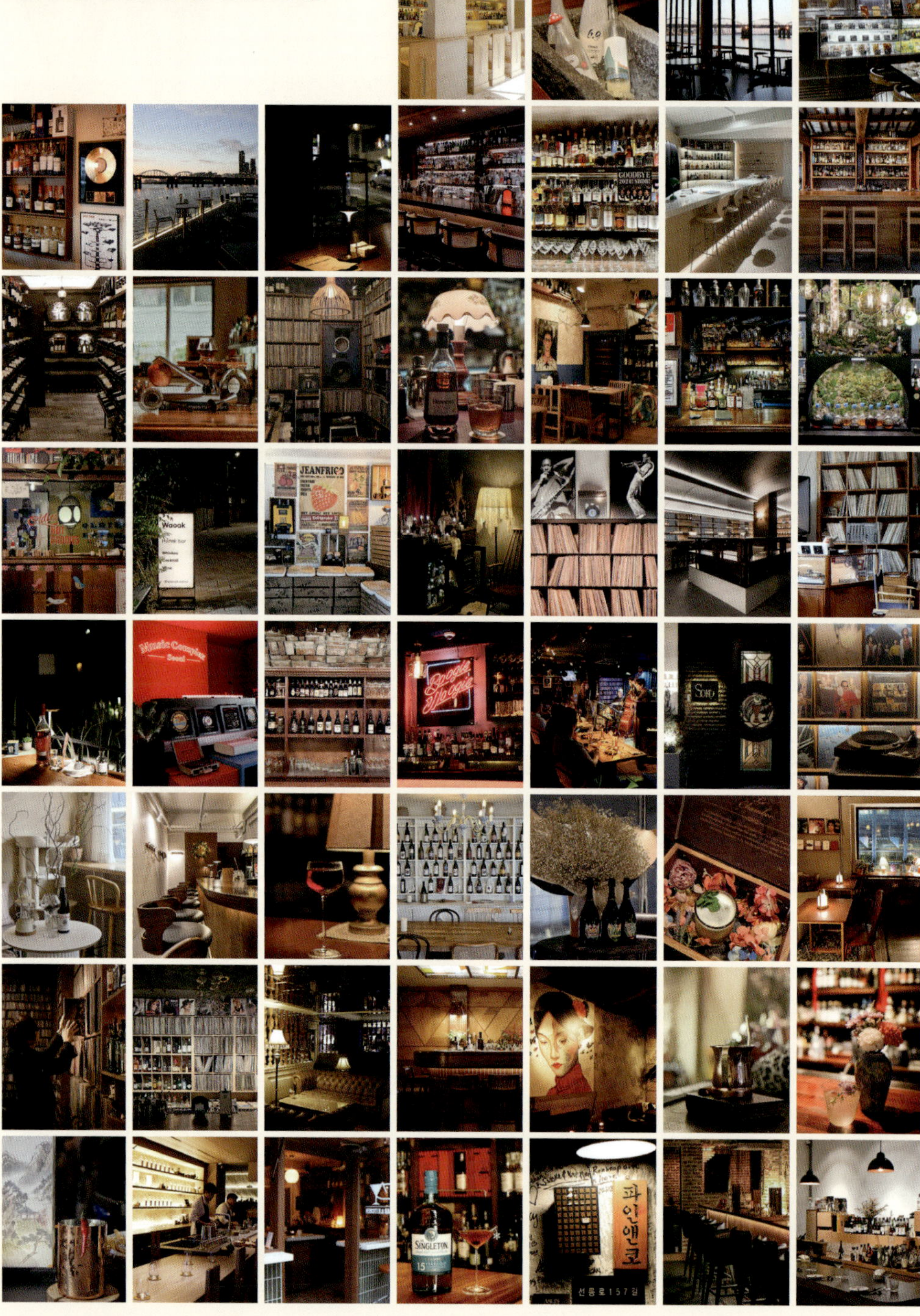

W

Whisky & Wine Bar
GuideBook

Theme Guide

혼자만의 시간부터 창밖의 야경과 음악 그리고 미식까지.
공간이 주는 위로와 취향의 깊이를 탐구하는 100곳의 기록 중에서
당신의 오늘에 어울리는 완벽한 한 잔의 무드를 찾아보세요.

혼자라도 좋은바

음악이 흐르는 바

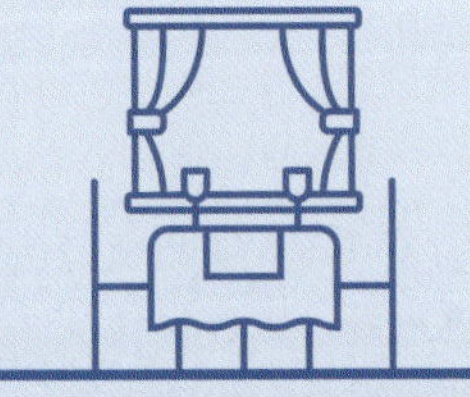

창가에 앉고 싶은 바

미식가가 선택한 바

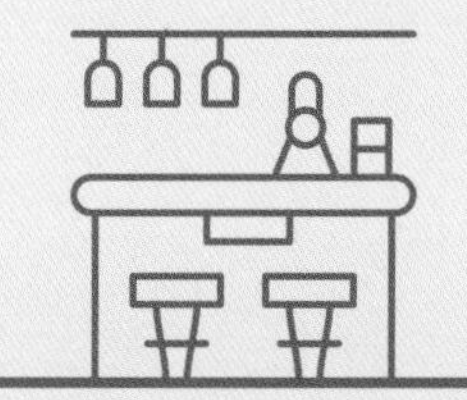

공간이 매력적인 바

한 잔이 그리운 날

SEOUL
도심권

종로구
중구
용산구

서울시 종로구 율곡로3길 66-4
0507-1404-6444
16:00~02:00 (월요일 휴무)
gong_gan_anguk

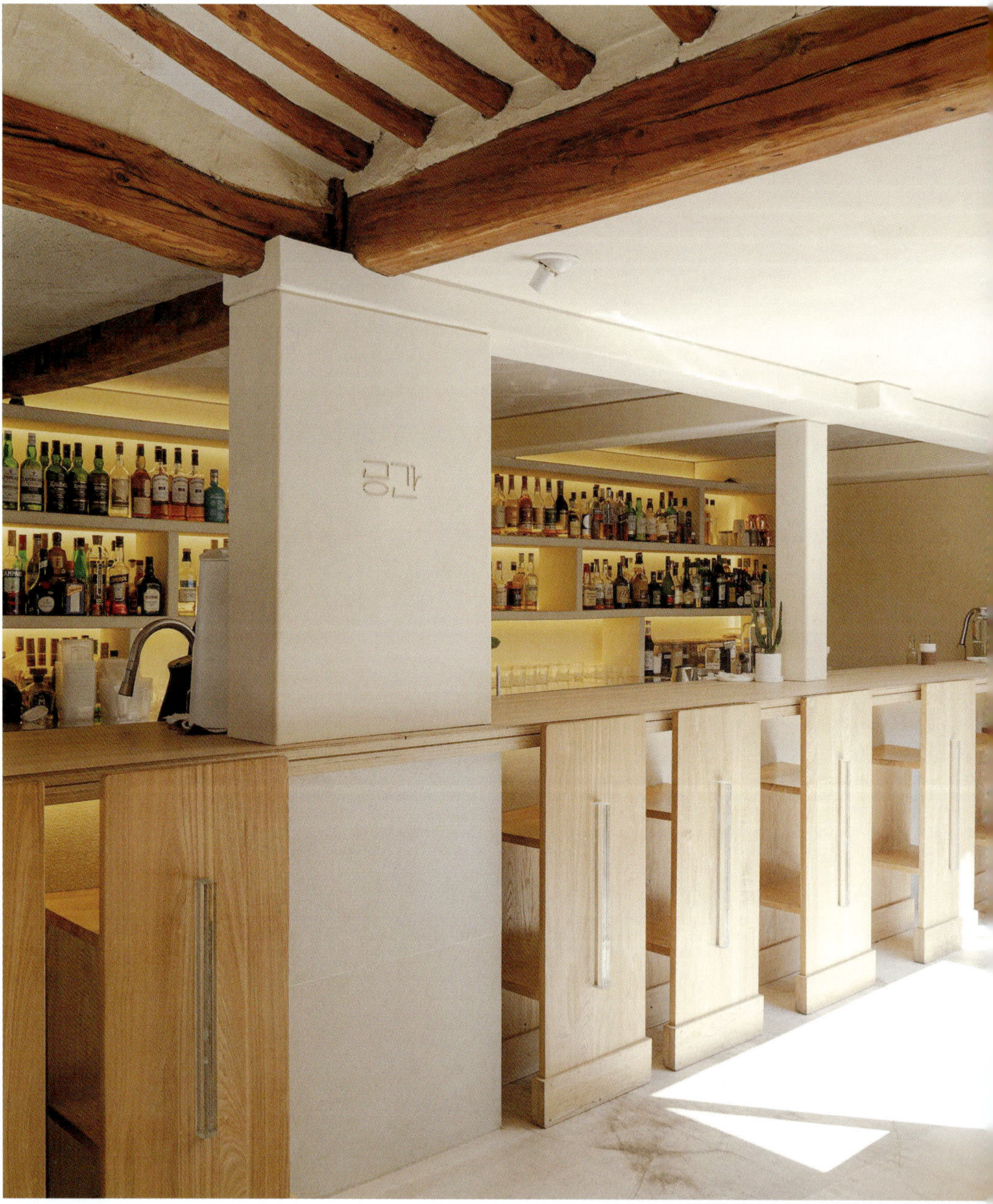

'공간'이라는 이름은 단순한 장소 이상의 의미를 품는다. 안국동의 바 공간은 술과 사람, 시간과 분위기가 한데 섞여 하나의 '공간'을 만들었다. 내부는 전통 한옥의 결을 간직하면서도, 현대적 세련미가 더해져 잘 절제된 미감을 보여주고 여백을 살린 인테리어는 군더더기가 없다. 시그니처 칵테일은 제철 재료와 전통주를 조화시켜 순간의 계절감까지 담아내는데 모든 칵테일들이 마치 하나의 작품처럼 각각의 특징에 맞게 잔의 높이나 재질, 토핑의 유무를 선택해서 내오는 것이 인상적이다. 만족스러운 표정의 사람들, 은은한 조명, 부드러운 음악, 모든 요소가 '공간'의 배경이 되어 오래도록 기억에 남는다.

✎ W NOTE

안국동에 자리한 바 '공간'은 이름처럼 술과 사람, 시간과 분위기가 어우러진 특별한 장소다. 전통과 현대가 공존하는 한옥 인테리어에 제철 재료로 만든 시그니처 칵테일까지, 모든 요소가 하나의 장면을 완성한다. 처음 방문한 순간부터 다시 찾고 싶어지는 곳이다.

전통주의 심도를 잔술로 경험하는 밤

남산술클럽

서울시 용산구 녹사평대로 228-2 1층
☎ 0507-1326-3921
🕐 18:00~01:00 (화요일 휴무)
📷 namsansoolclub

이태원의 번잡함을 살짝 비껴 남산 자락으로 들어서면, 작은 문 하나가 조용히 전통주의 세계로 초대한다. 남산술클럽은 전통주 소믈리에의 큐레이팅과 함께 100가지의 전통주를 잔술로 경험할 수 있는 곳이다. 아담한 좌석과 낮은 조도 속에서 술의 향과 이야기가 자연스럽게 연결된다. 손님들은 소주, 청주, 탁주, 증류주까지 폭넓은 스타일을 취향에 따라 탐색하고 소믈리에이자 바텐더인 주인장은 각 술의 향미 구조와 양조 배경을 차분히 설명한다. 주종이 결정되면 때로는 와인잔, 때로는 받침이 있는 작은 사기잔 등 술에 맞춘 글라스를 선택해 섬세한 경험을 완성한다. 메뉴 또한 남다른데, 남산술클럽 더스틴 사장이 직접 만든 소고기 육포인 짭조름한 크리스피 비프 저키, 프랑스 샤퀴테리와 쌀 바게트가 함께 나오는 불란서 돼지, 강릉에서 만든 한국식 샤퀴테리인 3가지 편육과 다양한 누룩 소금 등 매우 흥미롭다. 남산술클럽은 여행자에게는 한국술의 첫 관문으로, 현지인에게는 새로운 취향을 발견하는 감각적인 아틀리에로 기억되는 공간이다.

✎ W NOTE

전통주 소믈리에가 100여 종을 잔술로 안내하는 남산 자락의 아담한 바다. 술에 맞는 글라스 선택부터 향미 설명까지, 한 잔 한 잔이 배움이 되는 경험을 선사한다. 직접 만든 육포와 한국식 샤퀴테리 등 개성 있는 안주도 놓치지 말 것.

서울시 용산구 올림픽대로 2085-96
THE RIVER 2층
☎ 0507-1375-6641
🕐 18:00~24:00 (일요일 휴무)
ⓞ noct_theriver

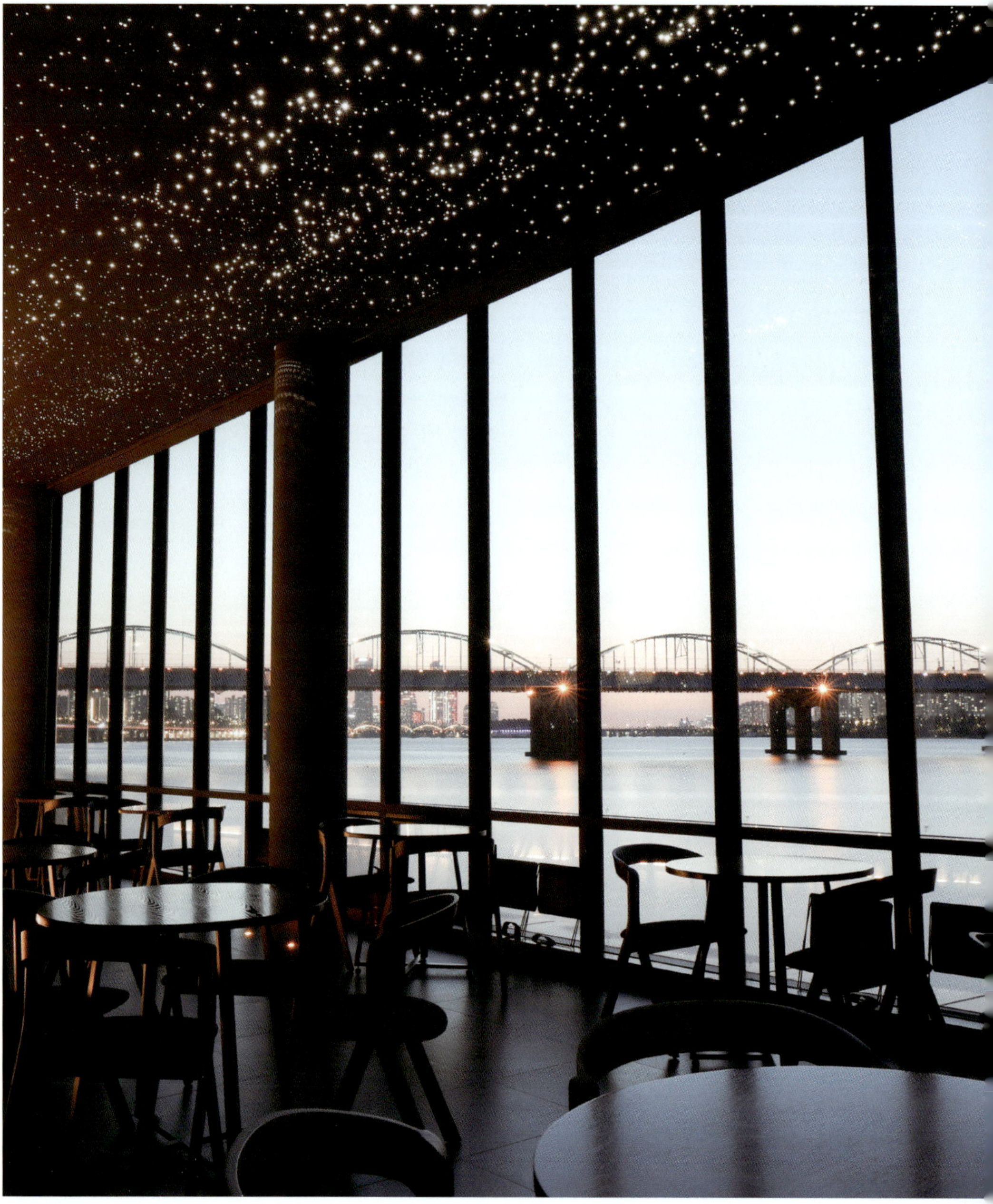

반포 한강을 내려다보며 매일 저녁 울려 퍼지는 라이브 재즈 선율 속, 와인 한 잔과 함께 깊어지는 시간. 녹트는 탁 트인 한강 뷰와 함께 정제된 분위기, 훌륭한 음악, 그리고 품격 있는 다이닝을 모두 갖춘 와인바다.
공연시간 내 이용 시 만 원이 추가되며, 간단한 주류 외에도 크림 파스타와 한치 리조또, 비프 타르타르 같은 완성도 높은 메뉴와 다채로운 와인을 경험할 수 있다. 감미로운 재즈가 흐르는 공간 속에서, 한강 야경은 더할 나위 없이 깊고 우아하게 빛난다. 연인과의 기념일, 특별한 하루의 마무리, 혹은 혼자만의 고요한 저녁까지. 녹트는 그 모든 순간을 품격 있게 채워주는 반포의 숨은 명소다.

W NOTE

반포 한강을 내려다보며 매일 저녁 라이브 재즈 선율과 함께하는 품격 있는 와인바. 공연 시간대 이용을 원하면 방문 전 확인을 추천한다. 연인과의 기념일, 특별한 하루의 마무리 모두 완벽하게 채워주는 반포의 숨은 명소다.

서울시 용산구 독서당로 86
한성빌딩 1F
02-798-9402
12:00~22:00
the_charcuteria

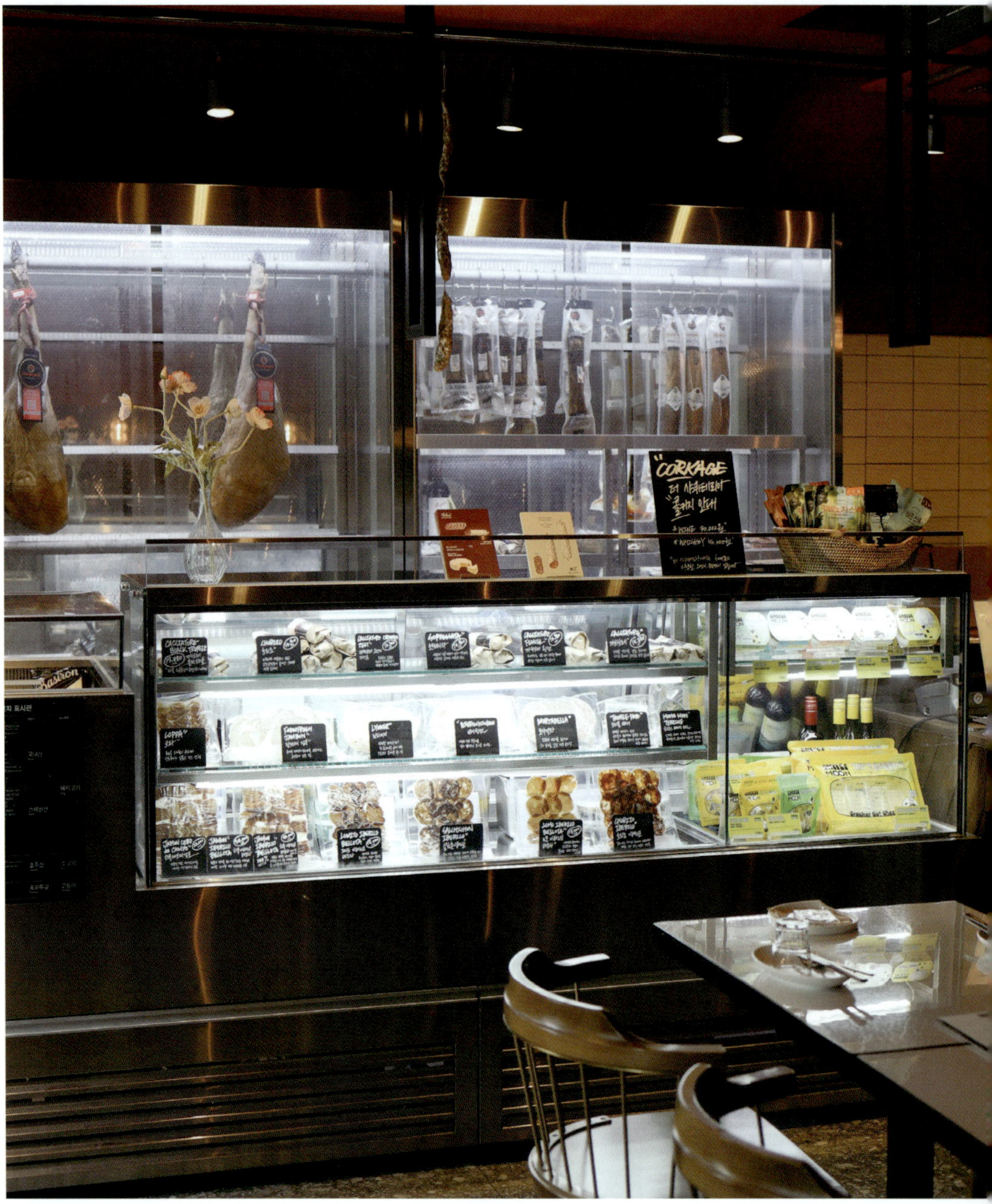

'더샤퀴테리아'라는 이름에 걸맞게 스페인 하몽부터 이탈리아 프로슈토, 살라미, 판체타까지 세계 각지의 건조육을 한자리에서 만날 수 있는 곳이 있다. 다양한 풍미를 비교하며 맛보는 즐거움이 있는 곳이다. 크림치즈와 곶감, 견과를 넣은 살라미 치즈롤, 하몽 베요타 샌드위치, 살라미 초콜릿, 하몽 이베리코 아이스크림까지. 감각적인 메뉴들이 생일이나 파티, 행사 등 특별한 날을 위한 샤퀴테리의 새로움을 보여준다. 로컬 와인 30종이 준비되어 있으며, 음식과 페어링하기 좋은 프리미엄 와인잔이 미식 경험을 완성한다. 지하 숙성실에서 완성되는 건조육은 담백하고 고소하며 치즈향이 은은하다. 블루리본 여섯 개를 받은 이곳은 다채로운 미식의 정수를 맛볼 수 있는 흥미로운 공간이다.

✎ W NOTE

블루리본 여섯 개를 받은 곳으로, 지하 숙성실에서 완성한 건조육은 담백하고 고소하며 치즈향이 은은하다. 프리미엄 와인잔과 로컬 와인 30종이 미식 경험을 한층 완성해준다. 생일·파티·행사 등 특별한 자리를 위한 색다른 선택지로 강력 추천한다.

디거이즈디깅

서울시 용산구 한강대로87길 8 3층
0507-1309-7685
16:00~24:00
금, 토 14:00~01:00(일 24:00까지)
diggerisdigging

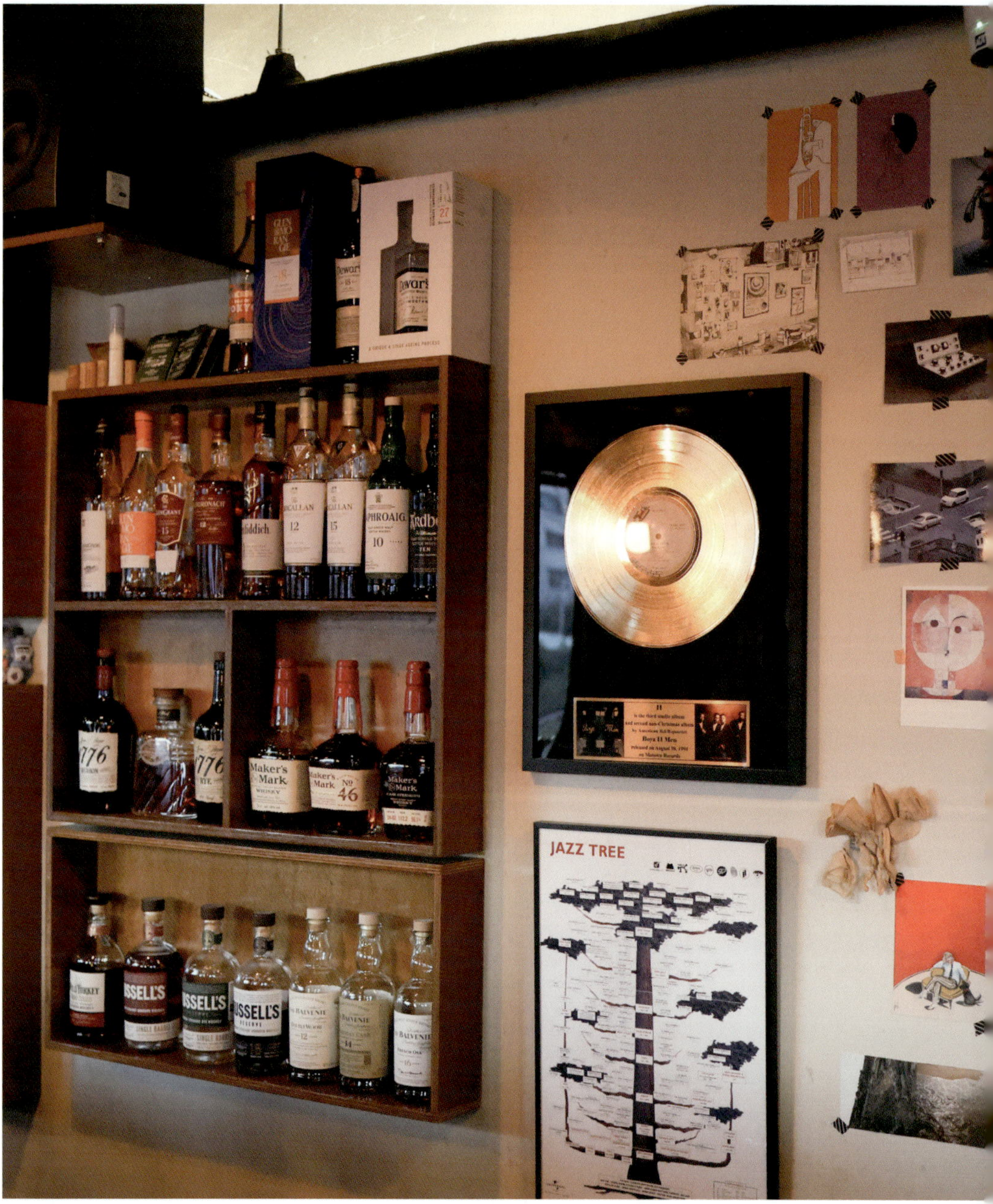

숙대 앞, 기찻길을 따라 이어진 감성적인 골목 한 켠에 자리한 '디거이즈디깅'. 창밖으로 1호선 전철이 스치고, 재즈와 발라드 LP판에서 음악이 흐르는 이곳은 마치 도시 속 작은 열차칸에 들어온 듯한 아늑한 분위기를 자아낸다.

창가 자리에 앉아 위스키 한잔을 기울이면, 유리창 너머로 지나가는 불빛과 음악이 어우러져 낭만적인 밤을 만든다. 감성과 힙함이 공존하는 이곳은 기차를 바라보며 고요한 시간을 보내기에도, 오랜 대화를 나누기에도 좋다. 특별한 날, 혹은 특별하지 않은 하루에도 편히 들러 위스키 한잔의 여유를 즐기기 좋은 숙대 앞의 숨은 보석이다.

✎ W NOTE

창가에 앉아 지나가는 기차의 불빛과 LP 재즈 선율을 함께 즐길 수 있는 낭만적인 바다. 감성과 힙함이 공존해 혼자만의 고요한 시간에도, 오랜 대화를 나누는 자리에도 두루 어울린다. 숙대 앞 기찻길 골목의 숨은 보석으로, 창가 자리를 놓치지 말 것.

노을과 한강을 안주 삼아 칵테일을 즐기는 감성 테라스 바

멜트

📍 서울시 용산구 올림픽대로
2085-96 THE RIVER 2.5층

☎ 0507-1388-6642

🕐 18:00~24:00 (일요일 휴무)

📷 MELT

한강이 내려다보이는 넓은 테라스, 노을을 배경으로 칵테일 한 잔과 함께하는 저녁, 이곳은 용산의 감성적인 미식 공간, 멜트 바다. 시그니처 칵테일 '루비'를 비롯해 위스키, 와인까지 선택의 폭이 넓고, 엘더플라워 리코타와 살몬 그라브락스, 피스타치오 파스타, 숙성회, 이베리코 요리 등 다채로운 메뉴가 준비되어 있어 완성도 높게 즐길 수 있다.

개방감 있는 인테리어와 탁 트인 뷰, 여유로운 공간 배치는 데이트와 기념일, 연말 모임까지 어떤 자리에도 잘 어울린다. 음식도 뷰도 분위기도 완벽해, 한 번 방문하면 풍경에 이끌려 카메라를 켜게 되는 곳. 기분 전환이 필요할 때, 감성과 미식이 함께하는 시간을 보내고 싶을 때, 멜트 바는 늘 기대 이상의 순간을 선물해 준다.

✏️ W NOTE

한강 노을이 내려다보이는 테라스에서 시그니처 칵테일과 감각적인 요리를 즐길 수 있는 용산의 다이닝 바다. 기분 전환이 필요한 날 방문하면 기대 이상의 순간을 경험할 수 있다. 노을 시간대 테라스 자리를 미리 예약하는 것을 추천한다.

낮은 1층 뷰, 조명 속 위스키 한잔

모어댄위스키

서울시 용산구 한강대로52길 25 1층

0507-1352-0236

18:00~02:00

more_than_whiskey

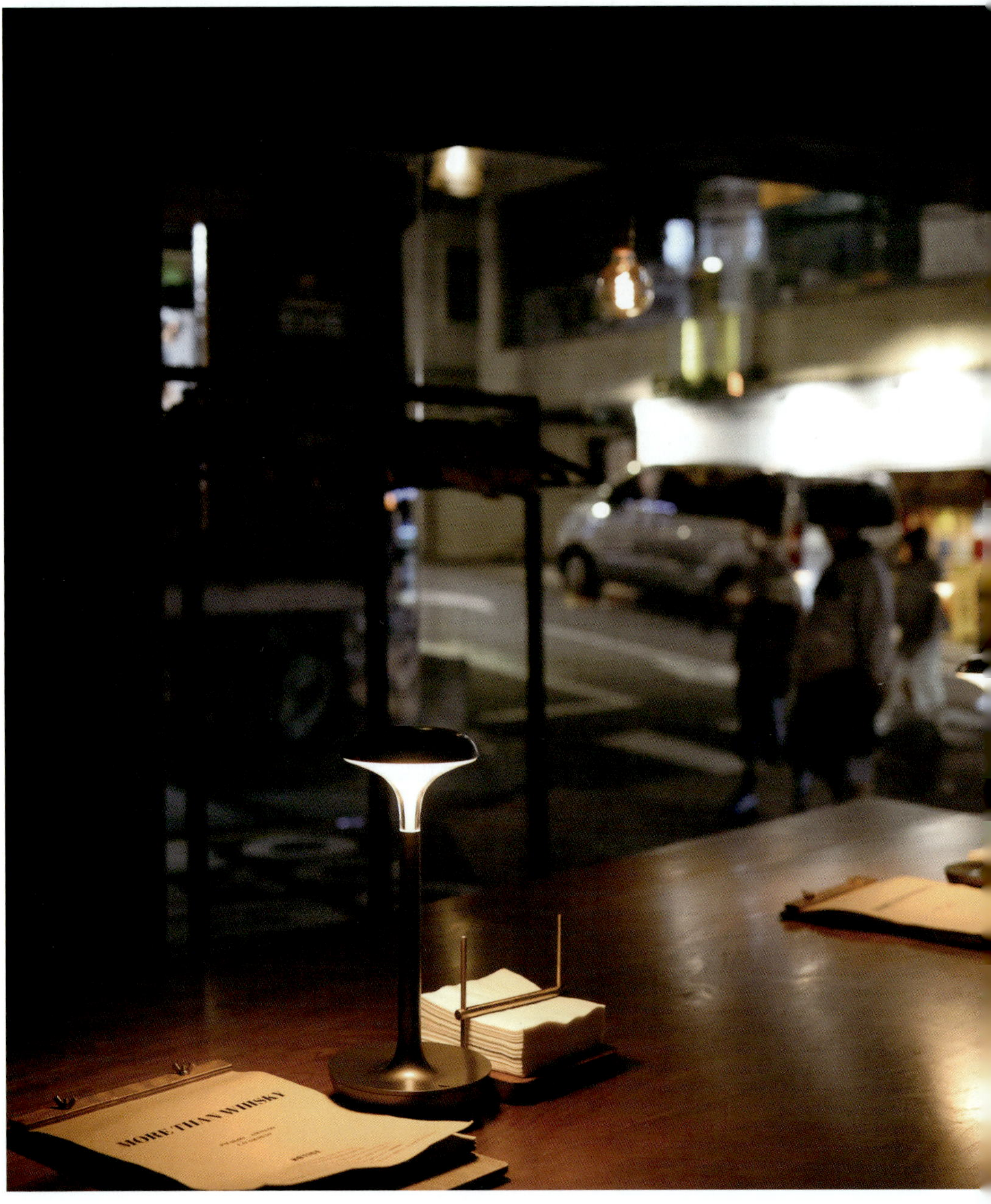

삼각지 코너에 자리한 '모어댄위스키'는 은은한 간접조명이 술병을 비추며 만들어내는 빛의 향연이 인상적인 바다. 클래식 칵테일인 진피즈부터 다양한 시그니처까지, 균형 잡힌 맛과 향으로 완성된 한 잔이 하루의 피로를 부드럽게 녹여준다. 위스키 또한 종류가 다양해 취향에 맞는 선택이 가능하며, 이곳은 음식보다 술과 음료에 더욱 진심인 공간이다. 바 좌석과 쉐어 테이블, 4인석이 자연스럽게 어우러져 어느 자리에서도 편안하게 머물 수 있다. 조명이 어스름하게 내려앉은 공간은 데이트나 소개팅에도 제격이며, 바닐라 아이스크림 위에 캐러멜라이즈드 바나나를 올린 디저트는 위스키와 놀라운 조화를 이룬다.

✎ W NOTE

삼각지 코너에 자리한 바로, 간접조명이 술병을 비추며 만들어내는 빛의 향연이 인상적이다. 진피즈 등 클래식 칵테일부터 다양한 위스키까지, 음료에 진심인 공간답게 한 잔 한 잔의 완성도가 높다. 어스름한 조명 덕분에 데이트나 소개팅 장소로도 제격이다.

그날의 취향에 맞춘 칵테일 한잔
몰티드

📍 서울시 용산구 한강대로40가길 6 3층
☎ 0507-1394-1217
🕐 19:00~02:00 (일 24:00까지)
📷 bar_malted

용리단길 메인거리 3층, 다락방처럼 아늑한 공간에 자리한 '몰티드'. 바 카운터와 안쪽 소파석이 조화를 이루는 이곳은 위스키와 칵테일을 취향대로 즐길 수 있는 감성적인 바다.

기분과 분위기에 맞춰 바텐더가 직접 추천해주는 커스텀 칵테일은 이곳의 시그니처. 익숙한 메뉴도 새롭게, 낯선 조합도 자연스럽게 풀어내며 손님만의 한 잔을 완성한다. 프라이빗 룸이 준비되어 있어 혼술, 모임, 데이트까지 모두 어울리고, 편안한 분위기 속에서 여유를 즐기기에 더없이 좋은 곳. 위스키의 깊은 향과 맞춤 칵테일의 감성이 어우러지는 용리단길의 숨은 아지트다.

W NOTE

바 카운터와 소파석, 프라이빗 룸까지 갖춰 혼술, 모임, 데이트 어떤 자리에도 잘 어울린다. 용리단길 메인거리 3층에 위치해 다락방처럼 아늑하고 편안한 분위기가 인상적이다. 그날의 기분에 맞는 한 잔을 찾고 싶다면 바텐더에게 편하게 취향을 말해볼 것.

따뜻한 조명 아래 마음을 채우는

바 스왈로

서울시 용산구 이태원로55가길 38 1층

0507-1393-5097

18:00~02:00

bar.swallow

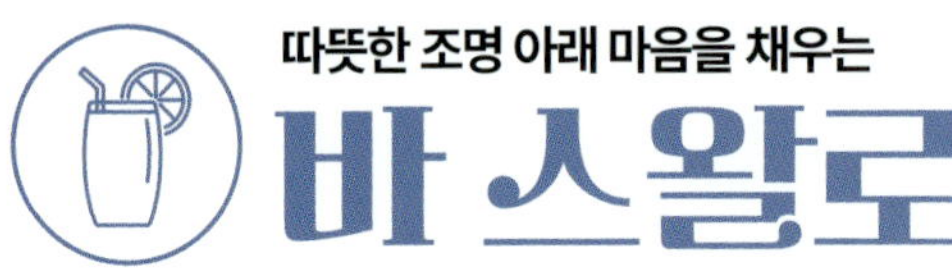

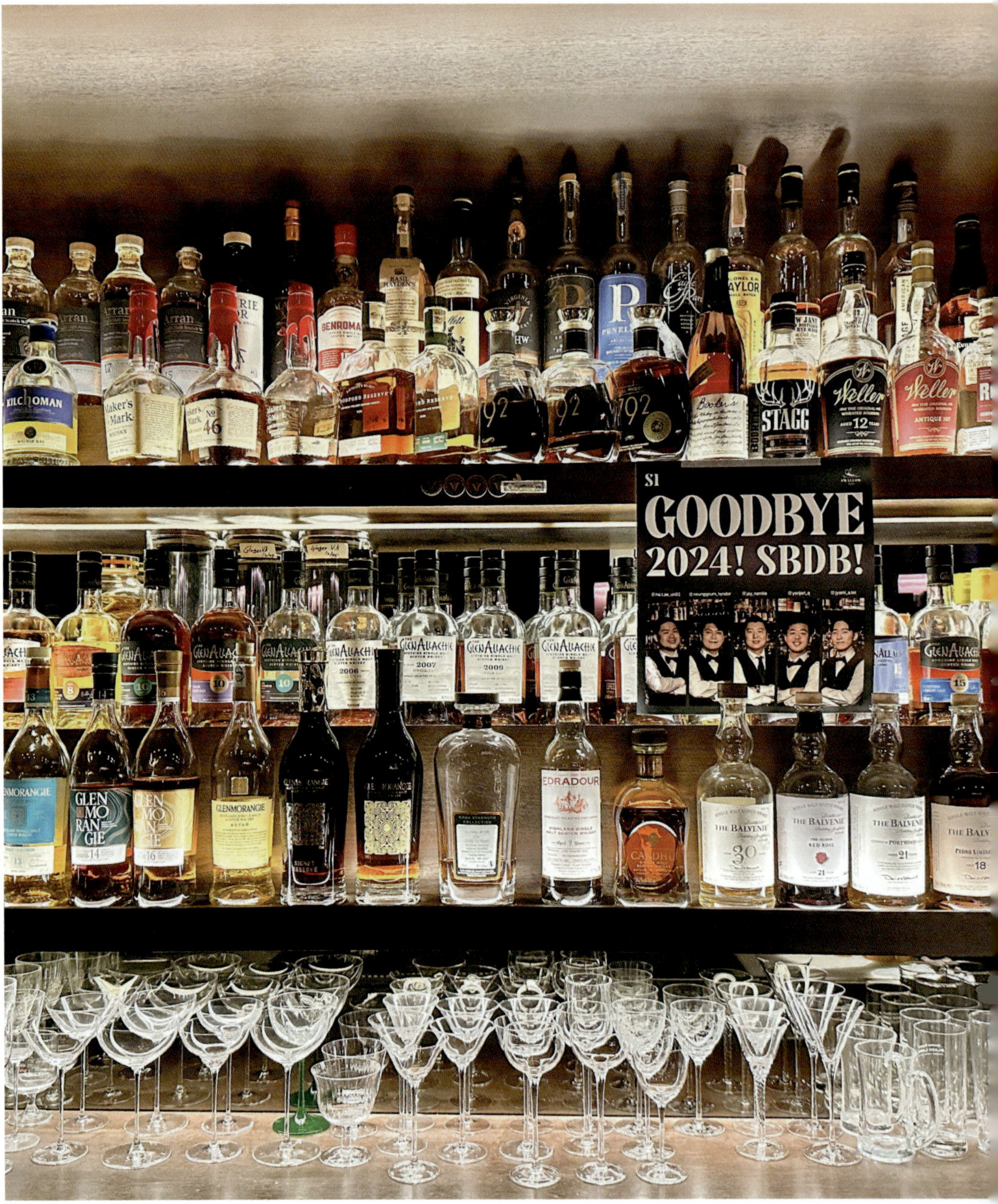

한남동 골목을 걷다 따스한 조명이 비치는 창가에 이끌려 문을 열면, 위스키와 칵테일에 진심을 담은 바텐더들이 취향과 분위기에 맞춰 섬세한 한 잔을 건네는 공간이 펼쳐진다.

부라타 치즈와 딸기, 그리고 위스키가 어우러지는 의외의 조화는 오랫동안 여운을 남기고, 친구와 연인, 또는 혼자여도 편안히 머물 수 있는 이곳의 따뜻한 공기는 마치 마음의 고향처럼 다정하다. 무심코 들렀다가도 오래도록 기억에 남는 곳. 감성과 배려가 스며든 이 작은 바는 하루의 끝자락에 조용한 위로를 건네는, 한남동의 숨은 명소다.

W NOTE

부라타 치즈와 딸기, 위스키가 어우러지는 의외의 조합은 오랫동안 여운을 남기는 이곳의 시그니처다. 위스키와 칵테일 모두 바텐더가 취향에 맞춰 섬세하게 추천해주어 어렵지 않게 나만의 한 잔을 찾을 수 있다. 무심코 들렀다가 단골이 되는 곳이니 부라타 조합은 꼭 경험해볼 것.

서울시 종로구 필운대로 29, 지하1층
☎ 0507-1364-7526
🕐 18:30~01:00 (화요일 휴무)
📷 bar.jiro

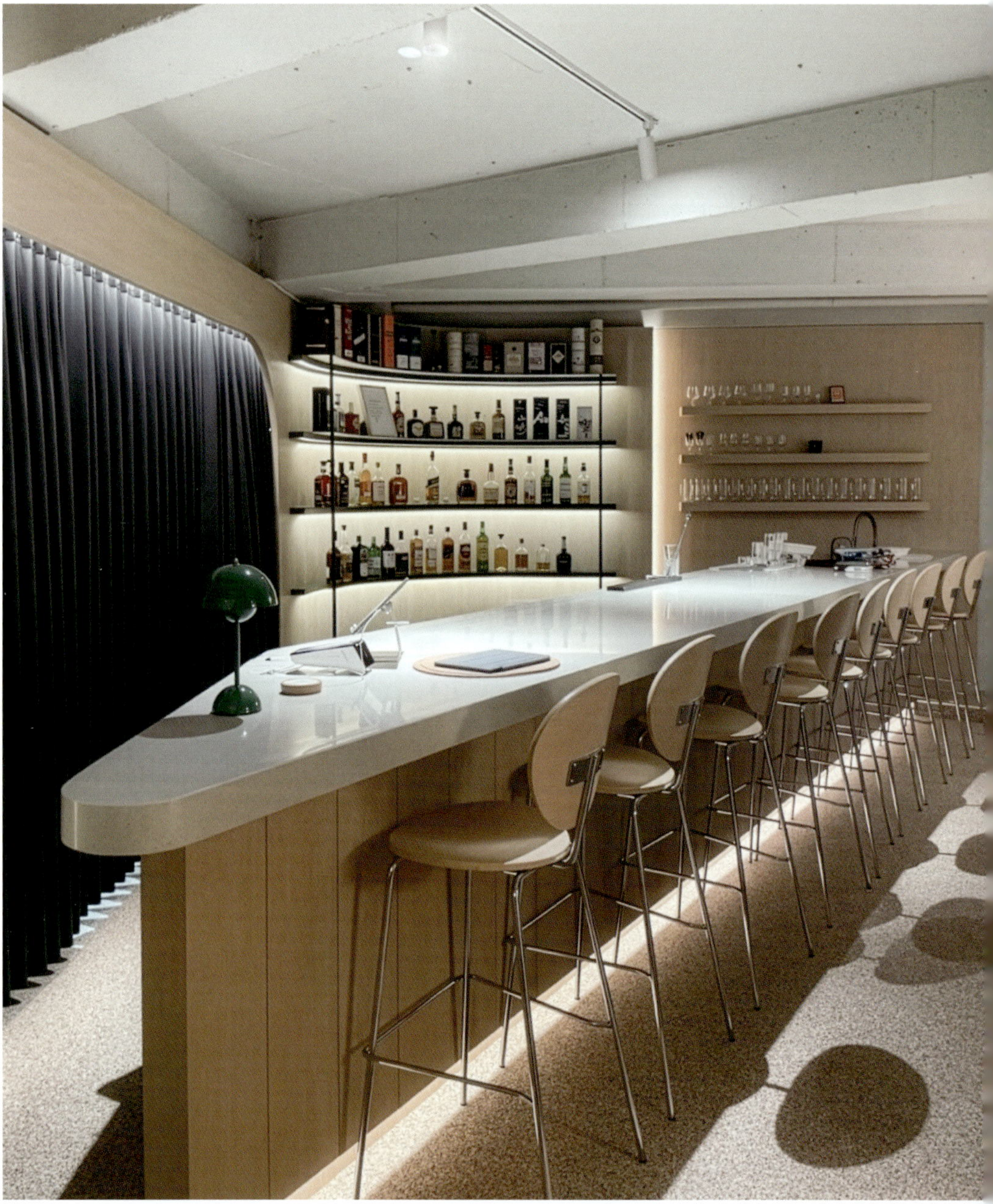

서촌의 골목 어귀, 작은 네온 불빛 하나가 밤길의 표지처럼 반짝인다. '바 지로'는 그 불빛 아래 숨은 일본식 하이볼 전문 바로, 아담하지만 군더더기 없는 깔끔한 인테리어와 곳곳에 놓인 일본 감성 소품들이 돋보이는 공간이다. 혼술, 친구, 데이트 등 어느 자리에도 부담 없이 방문하기 좋다.

손맛과 재료의 깊이를 느끼게 해주는 다양한 하이볼과 위스키를 즐길 수 있으며 술의 맛을 방해하지 않으면서 곁들이기 좋은 일본식 안주와 스낵이 준비되어 있다. 친절한 사장님의 그리팅 덕분에 손님과의 대화가 비교적 자유로운 분위기로 '부담 없이 좋은 하이볼 한 잔'이 떠오르면 방문해보자.

W NOTE

서촌 골목 네온 불빛 아래 자리한 아담한 일본식 하이볼 전문 바다. 다양한 하이볼과 위스키, 일본식 안주까지 갖춰 혼술부터 데이트까지 두루 어울린다. 친근한 분위기와 친절한 사장님 덕분에 처음 방문해도 편안하게 머물 수 있다.

전통과 현대가 빚어낸 바

BAR CHAM

서울시 종로구 자하문로7길 34
☎ 02-6402-4750
🕐 18:00~01:00 (화요일 휴무)
bar.cham

바 참은 전통과 현대가 어우러진 서울 종로에서 특별한 향과 맛을 선사하는 위스키, 칵테일 바로 국내 칵테일 애호가들은 물론 외국인 여행객들에게도 잘 알려진 공간이다. 바 이름 '참(Cham)'은 순수하고 진실됨을 의미하며, 정직한 술과 진정성이 담긴 서비스를 지향한다. 또한 참나무 목재를 활용한 세련된 인테리어는 전통적인 한옥의 분위기를 현대적으로 재해석해 고요하고 아늑한 분위기를 자아낸다.

한식 재료를 활용한 시그니처 칵테일은 유자, 생강, 청주, 된장 등 의외의 재료들이 감각적으로 조합되어 이곳만의 개성이 가득 담겨 있을 뿐 아니라 지역적 특색과 시즌에 맞춘 칵테일 메뉴는 계절마다 새로운 맛을 만날 수 있게 해준다. 조용하고 품격 있는 분위기 속에서 술 한잔의 깊이를 제대로 느끼고 싶다면 바 참은 분명 훌륭한 선택이 될 것이다.

✎ W NOTE

참나무 목재를 활용한 인테리어가 한옥의 분위기를 현대적으로 재해석해 고요하고 아늑한 공간을 완성한다. 국내 칵테일 애호가는 물론 외국인 여행객에게도 잘 알려진 서울의 대표 바 중 하나다.

부르고뉴 한남, 와인에 진심인 품격의 한 잔

부르고뉴 한남

서울시 용산구 독서당로 81-1 2층
☎ 0507-1354-2829
🕐 16:00~00:30 (일요일 휴무)
bourgogne_hannam

한남동 언덕길 한쪽, 조용히 숨은 듯 자리한 '부르고뉴 한남'. 프랑스 와이너리의 동굴을 옮겨놓은 듯한 깊은 공간감과 은은한 조명, 그리고 나만 알고 싶은 듯한 고급스러운 분위기로 와인 애호가들의 발길을 끈다.

이곳은 와인에 진심인 곳이다. 온도까지 세심히 맞춰주고, 와인 리스트 대신 취향을 묻는 대화로 한 잔을 추천한다. 특별한 날, 특별한 사람과 함께하기 좋은 곳. 섬세한 요리와 완벽한 페어링, 직원들의 따뜻한 배려가 더해져 한 모금의 와인이 하나의 경험으로 완성된다. 홀 대관이 가능한 곳으로 품격이 자연스레 스며있는, 부르고뉴의 향이 머무는 한남의 숨은 성지다.

✎ W NOTE

한남동 언덕길에 조용히 자리한 와인 전문 바로, 프랑스 와이너리를 연상케 하는 공간감과 고급스러운 분위기가 와인 애호가들의 발길을 끈다. 취향을 묻는 대화로 시작하는 섬세한 추천과 완벽한 페어링이 이곳의 진가다. 홀 대관도 가능해 프라이빗 모임 장소로도 추천한다.

조용히 취향을 나누는 곳

뽐

서울시 종로구 자하문로9길 15 1층 서촌애벌레 건물
☎ 02-725-4750
🕐 18:00~01:00 (월요일 휴무)
📷 pomme_bar

종로 서촌의 정갈한 골목에 숨은 듯이 위치한 작지만 화려한 위스키바로, 'Pomme'은 프랑스어로 '사과'를 뜻하며 실제로 사과를 재료로 한 다양한 칵테일을 선보이고 있다. 대화하기 좋은 적절한 조도와 차분한 음악 그리고 소곤거림이 조화롭고, 나무와 금속의 절제된 어울림은 도심 속에서도 쉼을 주는 미감을 보여준다.

스카치, 아이리시, 재패니즈까지 폭넓은 라인업이 인상적이며 흔히 접하기 어려운 위스키 바틀도 조용히 존재감을 드러낸다. 사과, 시나몬, 메이플 등 이름처럼 향긋하고 따뜻한 소재들이 위스키와 어우러진 창의적인 조합을 선보인다. 바텐더는 과하지 않게, 그러나 친절하게 술에 대한 이야기를 들려주며 손님의 취향을 세심하게 반영하여 추천한다. 서촌이라는 조용한 기운과 어울려 나만의 속도로 술 한 잔을 음미할 수 있는 공간이다.

✎ W NOTE

사과·시나몬·메이플 등 향긋하고 따뜻한 재료를 위스키와 창의적으로 조합한 칵테일이 시그니처다. 스카치·아이리시·재패니즈까지 폭넓은 위스키 라인업과 희귀 바틀도 조용히 존재감을 드러낸다. 바텐더가 취향을 세심하게 반영해 추천해주니 편하게 말을 건네볼 것.

아날로그 감성의 리스닝 바

서촌블루스

서울시 종로구 자하문로 17-1 2층

070-8878-1412

15:00~01:00, 일 17:00~24:00

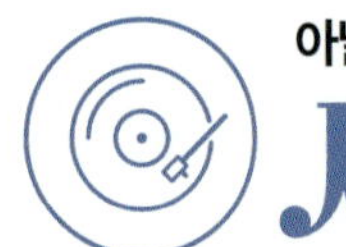

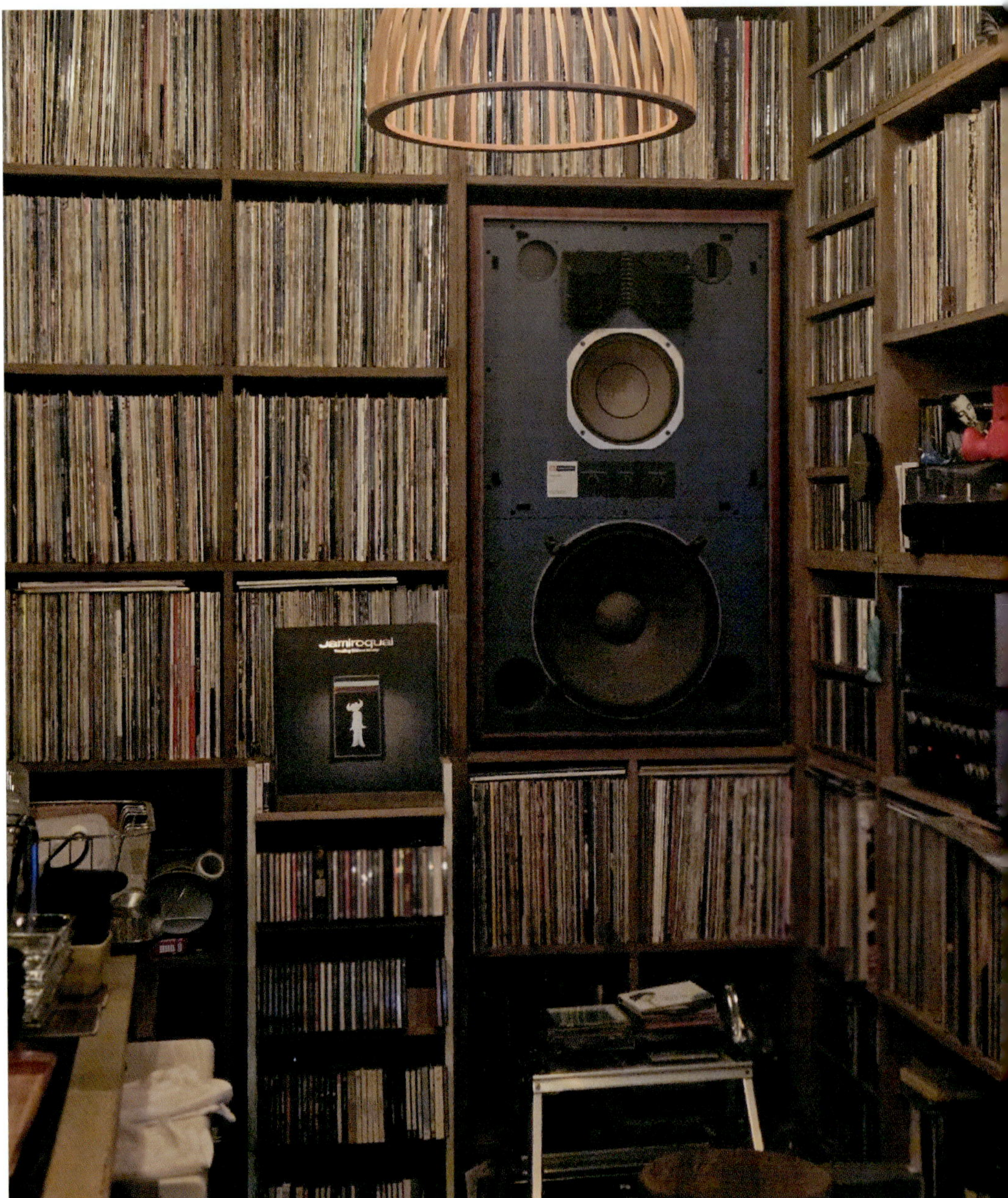

서촌 골목의 낮 풍경과는 다른 고즈넉한 밤의 한 가운데 눈에 띄지도 않는 작은 간판 하나로 존재를 알리는 서촌블루스가 있다. 블루스 리듬이 공간을 감싸는 이곳은 재즈 바와도 닮았지만 이름처럼 블루스의 여운을 고스란히 담아낸다.
바의 중심은 음악과 술이다. 수십 종류의 다양한 세계 맥주와 위스키 그리고 와인 리스트가 메뉴판을 가득 채우고 있다. LP에서 흘러나오는 블루스 선율은 어느 순간 와인의 향에 섞이고 위스키의 묵직한 스모키함과 어우러진다. 서로 다른 분위기, 리듬이 섞여 이곳만의 색깔을 만들어낸다. 하루의 끝, 마음이 고요해지는 밤이라면 서촌블루스는 그 자체로 위로가 된다.

✎ W NOTE

서촌 골목에 작은 간판 하나로 숨어 있는 아날로그 감성의 리스닝 바다. LP 블루스 선율과 세계 맥주·위스키·와인의 다양한 라인업이 이곳만의 조용한 색깔을 완성한다. 고즈넉한 서촌의 밤, 음악과 술로 하루를 마무리하고 싶을 때 찾아가기 좋은 곳이다.

서울시 중구 퇴계로44길 3
0507-1320-7950
18:30~02:00
soowonopa_sookhee

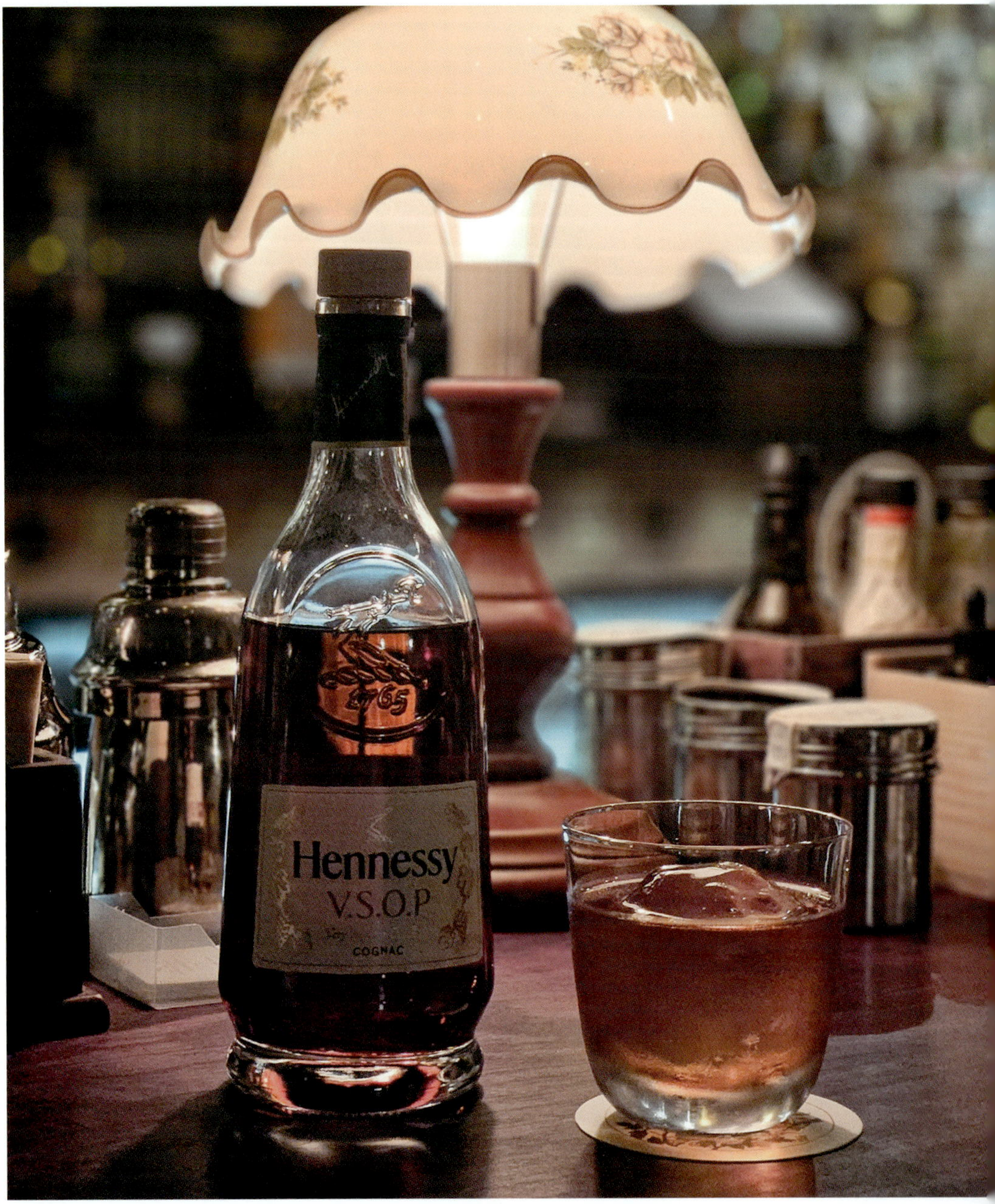

서울 중구의 오래된 골목 어귀에 무심코 지나치기 쉬운 곳에 위치한 전통과 현대가 자연스럽게 공존하는 위스키바 숙희가 있다. 낮은 처마와 오래된 벽돌, 쥐 죽은 듯 고요한 외관은 한옥을 연상케 하고, 문을 열고 들어서면 공간 구석구석에는 단청의 색감을 은은하게 빼낸 조명, 전통 문살을 재해석한 가구와 자개장이 어우러져 고요한 한국적인 바이브를 만들어낸다.

단단하면서도 취향이 분명한 스카치와 위스키들을 폭넓게 갖추고 있어서 이 공간을 더욱 깊고 진하게 만들어준다. 전통적인 미감 위에 현대적 감성을 덧입힌 숙희는 단순히 위스키를 파는 곳이 아니라, 마음의 속도를 잠시 늦출 수 있는 따뜻한 안식처이다.

✎ W NOTE

단청 색감의 은은한 조명과 전통 문살을 재해석한 가구, 자개장이 어우러져 고요한 한국적 바이브를 완성한다. 을지로 오래된 골목 깊숙이 숨어 있어 찾아가는 과정부터 특별한 경험이 된다. 전통적 미감 위에 현대적 감성을 덧입힌 공간에서 마음의 속도를 잠시 늦춰보자.

해산물 요리와 와인 한 모금

아란

서울시 용산구 백범로 324-1 1층
010-9949-1030
17:30~23:30(토 17:15오픈),
일 17:00~22:30 (월요일 휴무)
aran_seoul

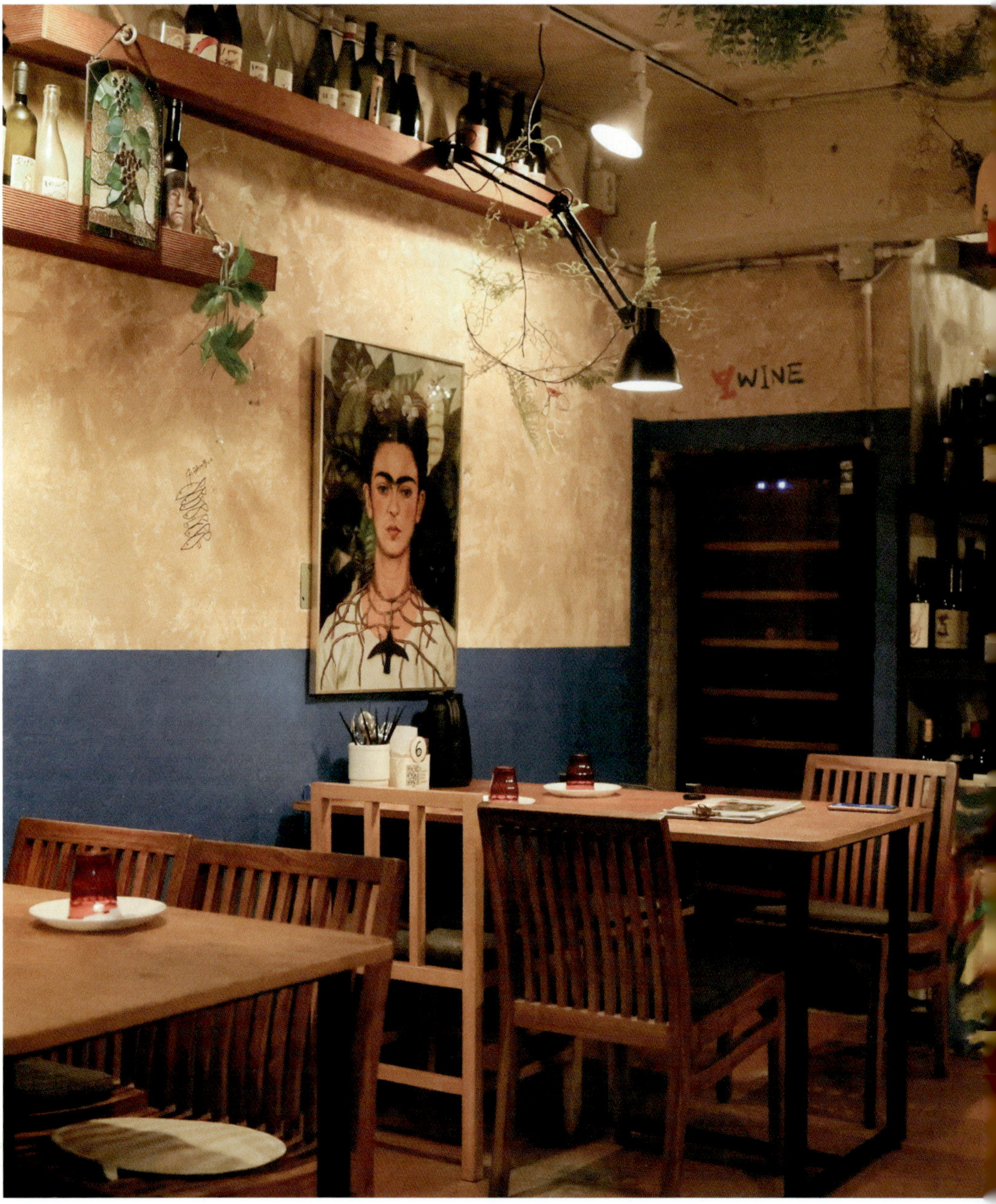

동네의 명소 와인바 '아란'은 1층과 2층으로 나뉜 아늑한 공간에서 내추럴 와인과 신선한 해산물 요리를 선보인다. 음식에 진심이 담긴 메뉴에는 뽈뽀, 광어 세비체, 우니 파스타 등 다채로운 요리가 준비되어 있으며, 플레이팅 하나하나에 정성이 느껴진다.

콜키지 서비스와 반려동물 동반이 가능해 더욱 편하게 머물 수 있고, 저녁이 되면 야외 테이블에 낭만이 번진다. 소규모 대관도 가능한 이곳은 신선한 재료로 완성된 음식과 감각적인 분위기로 하루를 특별하게 만들어주는 와인바다.

✎ W NOTE

내추럴 와인과 신선한 해산물 요리를 함께 즐길 수 있는 아늑한 와인바로, 뽈뽀·광어 세비체·우니 파스타 등 정성 어린 메뉴가 인상적이다. 콜키지 서비스, 반려동물 동반, 소규모 대관까지 가능해 활용도가 높다. 저녁 야외 테이블은 낭만적인 분위기로 특히 인기가 높으니 미리 자리를 확인할 것.

에이스포클럽

📍 서울시 중구 을지로 105 2층
☎ 0507-1318-9733
🕐 17:00~01:00, (금, 토 02:00까지)
📷 acefourclub

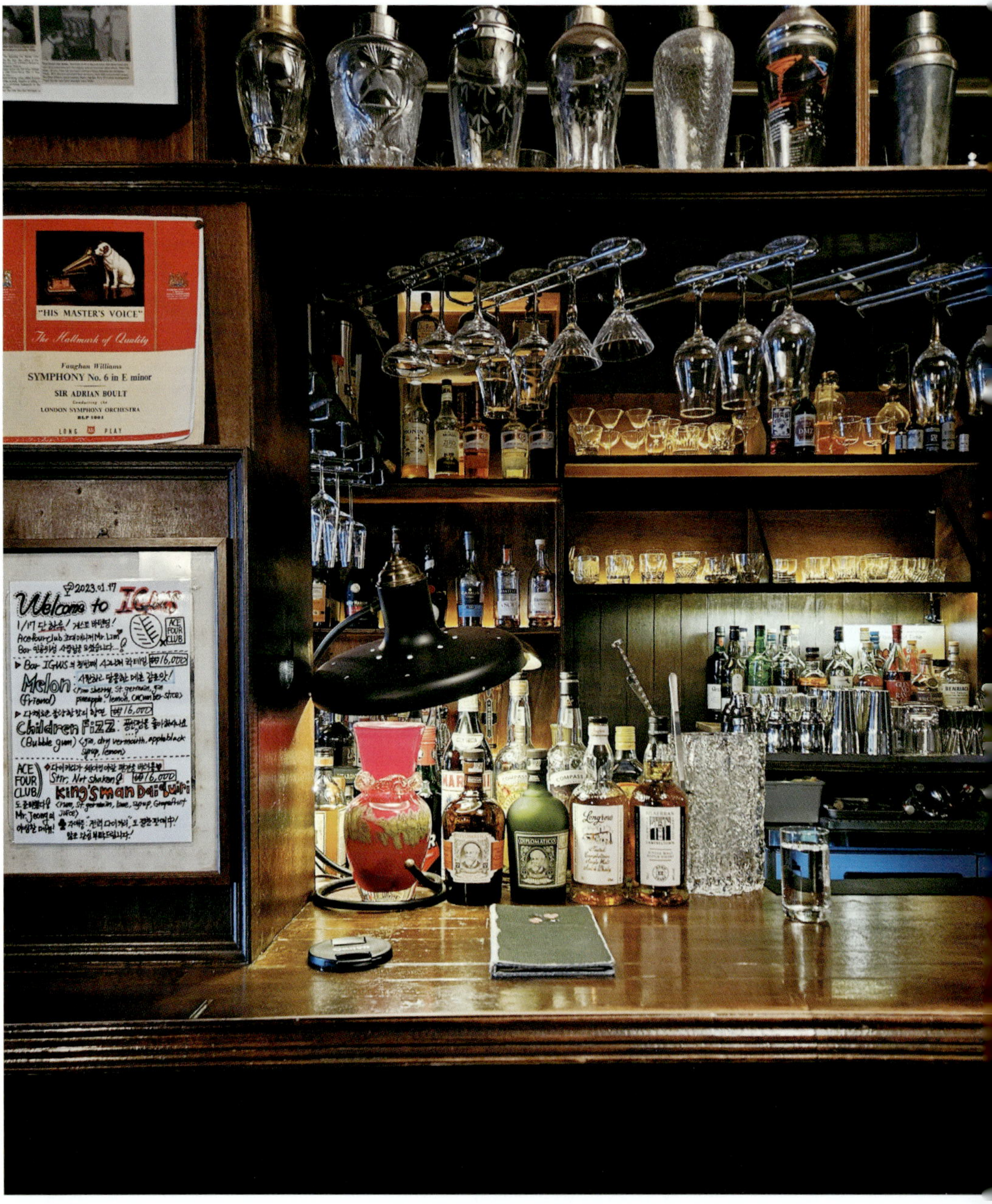

을지로의 터줏대감 에이스포클럽은 60년 역사를 자랑하는 을지로 '이화다방'을 개조하여 문을 연 특색 있는 공간이다. 우드 톤의 인테리어와 소품들이 개성 넘치는 아담한 공간으로 혼자 즐기기 좋은 바 테이블과 일반 테이블석까지 아늑하게 갖추고 있다. 을지로의 대로가 한눈에 들어오는 훌륭한 개방감을 자랑하는 창가자리는 오픈런이 아니라면 앉기 힘든 자리이지만 바삐 지나는 사람들을 구경하며 술 한 잔 기울이기에 최적의 공간이다. 에이스포클럽의 별미인 육포 풀하우스와 로얄 치즈 스트레이트 살라미는 에이스포클럽의 다양한 위스키, 칵테일과 훌륭한 페어링을 보여주는 특별한 조합이 돼다. 한 번 방문하면 을지로 2층 구석에 있는 이 작은 바가 왜 그토록 유명해졌고, 또 아직까지 명맥을 지키고 있는지 단번에 알 수 있다. 깜깜한 어둠이 드리우면 밝혀 주시는 트럼프카드 모양의 초와 함께 에이스포클럽에서의 밤이 더욱 특별해진다.

W NOTE

창가 자리는 을지로 대로가 한눈에 내려다보이는 인기 명당으로 오픈런을 추천한다. 안주는 육포 풀하우스와 로얄 치즈 스트레이트 살라미가 시그니처. 위스키·칵테일과 함께 주문하면 최고의 페어링을 경험할 수 있다.

한 잔에 스며든 작은 마법

연금술 혜화

서울시 종로구 동숭3길 16 1층
☎ 0507-1419-0504
🕐 18:00~01:00 (월요일 휴무)
📷 bar.yeongeumsul

조용히 빛을 머금은 혜화의 골목 끝, '연금술 혜화'라는 이름의 작은 문이 그 순간을 완성한다. 과장된 간판도, 화려한 진열도 없지만, 들어선 순간 바로 느껴지는 안정감과 익숙함이 절묘하게 공존하는 위스키바다. 연금술 혜화의 가장 큰 매력은 손님의 취향을 세심하게 읽어주는 바텐더의 친절함이다. 원하는 위스키나 칵테일의 방향을 말하면 폭넓은 셀렉션 중에서도 의도를 정확히 짚어서 추천해 준다.

바의 조도는 어둡지 않으면서도 시선이 자연스럽게 가라앉는다. 나무 결이 그대로 느껴지는 원목 바 테이블과 아늑하게 배치된 조명은 긴 대화를 하기에도, 혼자 조용히 잔을 기울이기에도 모두 어울린다. 음악 역시 분위기를 방해하지 않고, 적당한 리듬으로 머무른다. 마법 같은 칵테일과 정성이 담긴 요리로 오감을 만족하고 싶다면 연금술 혜화가 정답이다.

✎ W NOTE

혜화 골목 끝에 자리한 위스키 바로, 취향을 정확히 읽어주는 바텐더의 섬세한 추천이 이곳의 핵심이다. 원목 바테이블과 아늑한 조명 아래 혼술부터 긴 대화까지 모든 자리에 잘 어울린다. 마법 같은 칵테일과 정성 어린 요리로 오감을 만족시키는 혜화의 숨은 명소다.

을지로 골목 길 위의 작은 집

올디스하우스

서울시 중구 수표로 58 2층
☎ 010-2136-8887
🕐 17:00~24:00
🅾 oldieshouse

을지로에 흔하게 있는 오래된 주택의 비좁은 2층 계단을 올라가면 '올디스하우스'라는 작은 바의 문이 열린다. 내부는 마치 친구 집에 초대된 듯한 편안함과 따뜻함으로 가득 차 있는데, 낡은 목재 가구와 부드러운 조명이 오래된 이야기들을 속삭이는 듯한 분위기를 만든다. 와인에 주력하는 을지로의 숨은 보석 같은 와인바로 전 세계의 대표 품종들을 즐길 수 있으며 메인 메뉴인 살치살 스파게티와 파스타 등 모든 음식 메뉴들이 와인과 환상의 궁합을 보여준다.

2층에서 내려다보이는 도심의 분위기와 차분한 음악이 어우러지는 가운데, 손님들은 와인잔을 부딪히며 긴 하루의 여운을 정리한다. 을지로의 복잡함에서 한 걸음 떨어진 자리에서, 올디스하우스는 방문객의 일상에 잠시 멈춤과 고요 그리고 추억을 제공한다.

✎ W NOTE

아기자기한 소품과 감각적인 음식, 음악이 어우러져 방문할 때마다 새로운 매력을 발견하게 된다. 오래된 주택 비좁은 계단을 올라가는 수고로움이 전혀 아깝지 않은 곳이며 감각적인 음식 메뉴가 완벽한 페어링을 이룬다.

서울시 종로구 북촌로5나길 3-7
☎ 0507-1335-6209
12:00~01:00 (월, 화 22:00까지)
waoak.seoul

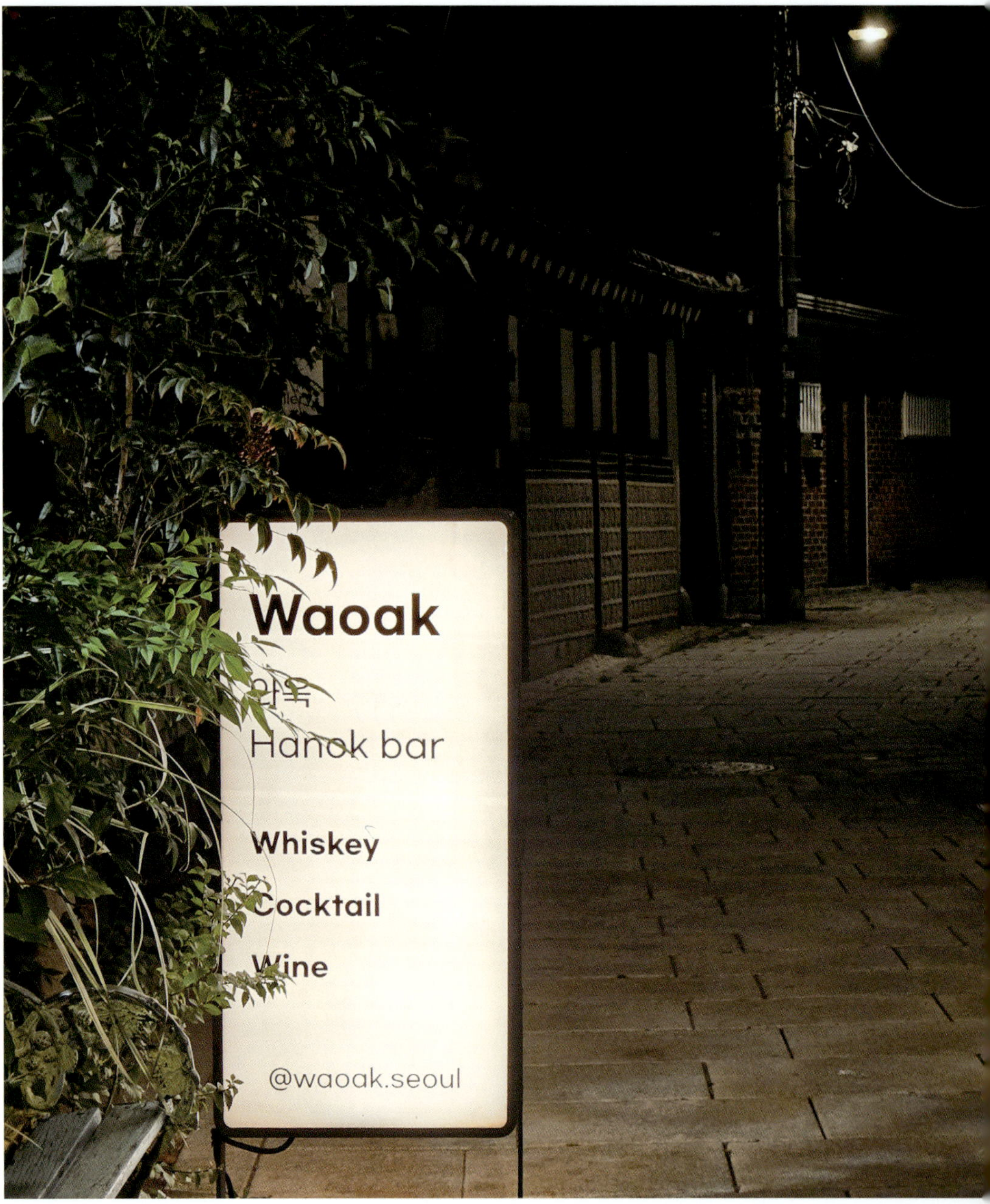

북촌의 오래된 골목 안, 한옥으로 만들어져 조용하면서 아늑한 분위기가 가득 느껴지는 와인바 와옥이 있다. 문을 열고 들어서면 고즈넉한 나무향과 세련된 조명이 어우러져 전통과 현대가 동시에 느껴지는 오묘한 분위기에 반한다. 선반에는 전통주, 위스키, 와인 등 다양한 술이 정갈하게 자리해 있다.

갤러리와 협업으로 예술적이고 독창적인 칵테일, 전통주를 활용한 한국적인 칵테일이 있다. 시그니처 메뉴는 전통주 기반 칵테일로, 쌀의 부드러움, 과실주의 산뜻함이 더해진 익숙한 맛에 전통적인 재료와 현대적인 해석을 더해 놀라운 조화를 만든다. 밤이 깊어질수록 잔잔한 음악과 술의 온기는 나무와 돌, 황동이 어우러진 한옥 마당 같은 편안함을 전한다.

✎ W NOTE

갤러리와의 협업으로 탄생한 예술적인 칵테일과 전통주를 활용한 한국적 칵테일이 이곳의 시그니처다. 쌀의 부드러움과 과실주의 산뜻함이 현대적으로 재해석되어 익숙하면서도 놀라운 조화를 선사한다.

냉장고 문 너머로 펼쳐지는 칵테일의 세계

장프리고

서울시 중구 퇴계로62길 9-8
02-2275-1933
18:00~01:30, 일 17:00~24:00 (월요일 휴무)
jeanfrigo_official

서울의 골목 속, 냉장고 문을 열어야 나타나는 비밀스러운 입구가 있다. 장프리고는 과일가게처럼 꾸며진 1층이 문이자 전초기지이고, 안쪽에 냉장고 문을 밀고 들어가면 아담하지만 감각적인 칵테일 세계가 펼쳐진다. 과일을 베이스로 한 칵테일이 다수이고, 시그니처 메뉴 중에는 키위 페스토처럼 치즈와 바질 페스토가 조합된 독창적인 레시피도 있다. 안주는 과일 안주부터 파스타까지 다양하게 준비되어 있는데, 특히 바의 과일 콘셉트를 살린 플레이팅이 인상적이다.

1층은 아늑한 바 테이블, 2층은 여유로운 테이블 공간으로 구성되어 있는데 조명이 낮고 벽면이 어두운 색으로 마감되어 비밀스러운 분위기와 스피크이지 바의 감성을 동시에 지닌다. 열대 과일처럼 달콤하고 산뜻한 칵테일부터, 은은한 과일 향 속 깊이를 가진 칵테일까지, 장프리고는 과일의 다채로운 얼굴을 술로 풀어낸다.

W NOTE

과일가게처럼 꾸며진 1층에서 냉장고 문을 밀고 들어가면 아담하고 감각적인 칵테일 세계가 펼쳐지는 스피크이지 바다. 낮은 조명과 어두운 벽면이 비밀스러운 분위기를 완성하며, 처음 방문하는 순간부터 특별한 경험이 시작된다.

취향이 머무는 자리
취향로3가
서울시 중구 충무로5길 21 2층
0507-1316-4844
18:00~24:00 (금, 토 03:00까지)
chroad3

을지로 골목의 낡은 간판과 철문 사이, 무심하게 놓인 듯하지만 누구보다 뚜렷한 취향을 가진 취향로3가가 있다. 전체적으로 어두운 조명과 거칠게 마감된 콘크리트, 낡은 가구들이 어우러진 내부는 전통적인 클래식 바도, 전형적인 힙스터 술집도 아닌 독자적인 분위기를 가진 공간이다. 칵테일과 위스키, 술과 함께 즐길 수 있는 간단한

안주들이 준비되어 있으며 시끄럽지도 지나치게 조용하지도 않은 적절함 덕분에 혼술과 대화, 음악과 침묵 모두를 누릴 수 있다. 을지로라는 장소에 기대하는 빈티지한 무드에 스며들어 안정감을 주는 곳, 취향로3가는 취향이 머무는 방식을 보여주는 공간이다.

✎ W NOTE

거친 콘크리트와 낡은 가구가 빈티지한 을지로 감성을 완성한다. 칵테일·위스키와 간단한 안주를 갖추고 있으며 혼술부터 대화까지 어떤 방문 목적에도 편안하게 어울린다. 클래식도 힙스터도 아닌, 취향이 뚜렷한 이 공간만의 색깔이 오래 기억에 남는다.

서울시 중구 퇴계로27길 35 3층
☎ 0507-1365-0649
🕐 17:00~24:00 (일 23:00까지)
coltrane_vinyl

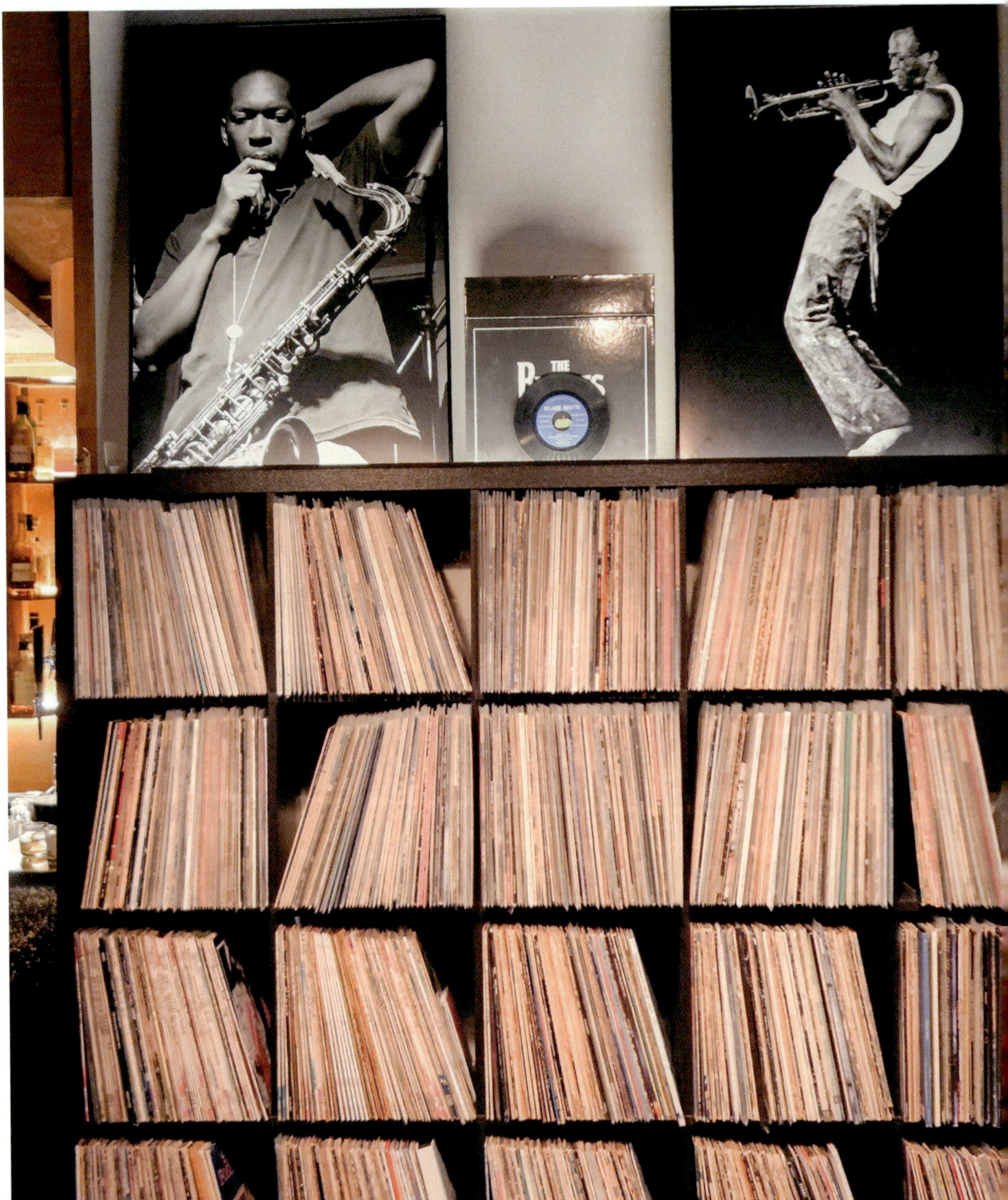

을지로 끝자락 조용하고 어두운 골목에 LP 애호가라면 반드시 가봐야 할 아날로그 바이자 숨은 재즈 성소, 콜트레인이 있다. 이 공간의 음악은 전부 LP로 재생되며, JBL 파라곤 스피커와 진공관 앰프의 조합은 LP 아날로그 진동을 온몸으로 느끼게 해주는 사운드 경험을 선사한다. 바에는 직접 개발한 콜트레인을 대표하는 시그니처 칵테일 '존 콜트레인'이 있는데, 꼬냑의 진한 포도향이 부드럽게 퍼지면서 달콤하고 묵직한 여운을 남긴다. 작은 테이블과 바 좌석이 은은한 조명아래 배치된 공간은 마치 재즈의 한 음처럼 고요하게 흐르고, 여유롭게 음악을 감상하기에 최고의 공간이다.

을지로의 어둑한 밤, 손으로 직접 LP를 올리고 바늘이 닿는 순간부터 울려 퍼지는 음반의 결을 들으며 칵테일 한 잔을 기울인다면, 그 고요 속의 리듬은 오래도록 잔향으로 남는다.

✎ W NOTE

을지로 끝자락에 자리한 아날로그 재즈 바로, JBL 파라곤 스피커와 진공관 앰프로 LP 사운드를 온몸으로 느낄 수 있다. 꼬냑 베이스 시그니처 칵테일 '존 콜트레인'과 함께라면 고요 속 리듬이 오래도록 잔향으로 남는다.

서울시 중구 수표로6길 31
0507-1370-2605
18:00~01:30
bar__tent

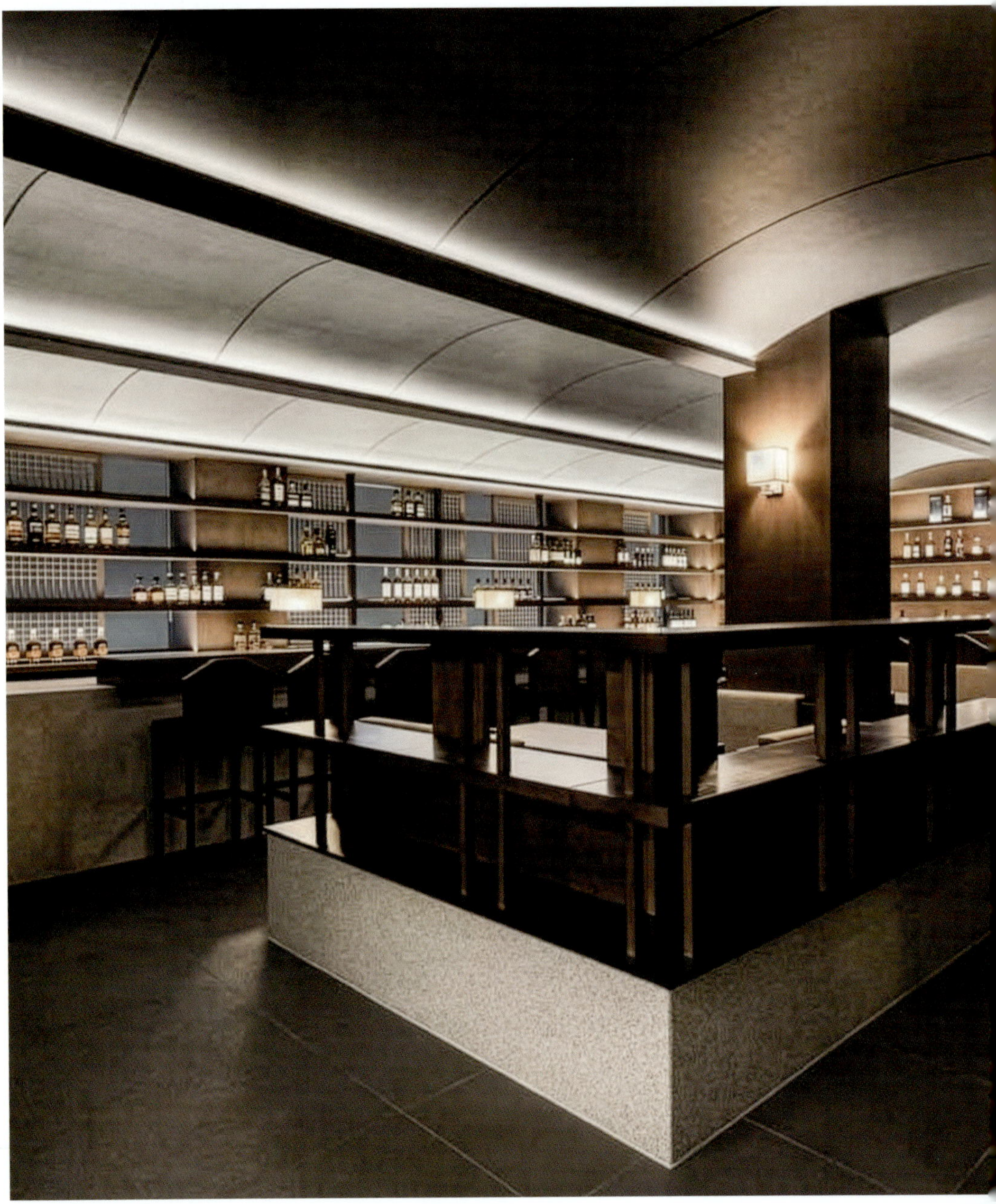

사람들로 북적이는 거리 사이로 조용히 모습을 드러내는 위스키 바 '텐트(Tent)'는 그 이름처럼 아늑하고 은밀한 공간이다. 입구의 아치형 계단을 지나 2층으로 올라서면 적당한 조도의 조명과 우드의 포근한 느낌이 조화롭다. 벽면에는 각국에서 수입된 수십 종의 위스키 병이 진열되어 있고, 바텐더는 손님의 취향을 파악해 자연스러운 추천을 건넨다. 특히 텐트의 바텐더분들의 위스키에 대한 전문적인 지식을 바탕으로 위스키 원데이 클래스가 정기적으로 열리고 있어 위스키에 대한 이해를 넓히기에 좋다.

충무로의 분주한 분위기와는 대조적으로 텐트는 고요함 속에서 위스키의 풍성한 향과 맛을 음미할 수 있는 곳이다. 혼술부터 데이트까지 아우르며 클래식하면서도 힙한 무드를 담아낸 공간은 한 잔의 위스키로 하루의 무게를 덜어내고 싶은 이들에게 최적의 안식처이다.

✎ W NOTE

서울 도심 속 북적이는 거리 속 조용히 자리한 위스키 바로, 수십 종의 수입 위스키와 전문 바텐더의 섬세한 추천이 강점이다. 정기적으로 열리는 위스키 원데이 클래스도 놓치지 말 것. 아늑한 2층 공간에서 충무로의 소음을 잊고 위스키 한 잔에 깊이 빠져들 수 있는 곳이다.

서울시 중구 충무로4길 3 2층
☎ 02-2275-9249
🕐 17:00~24:00 (토 13:00오픈),
일 14:00~23:00 (월요일 휴무)
📷 pky_seoul

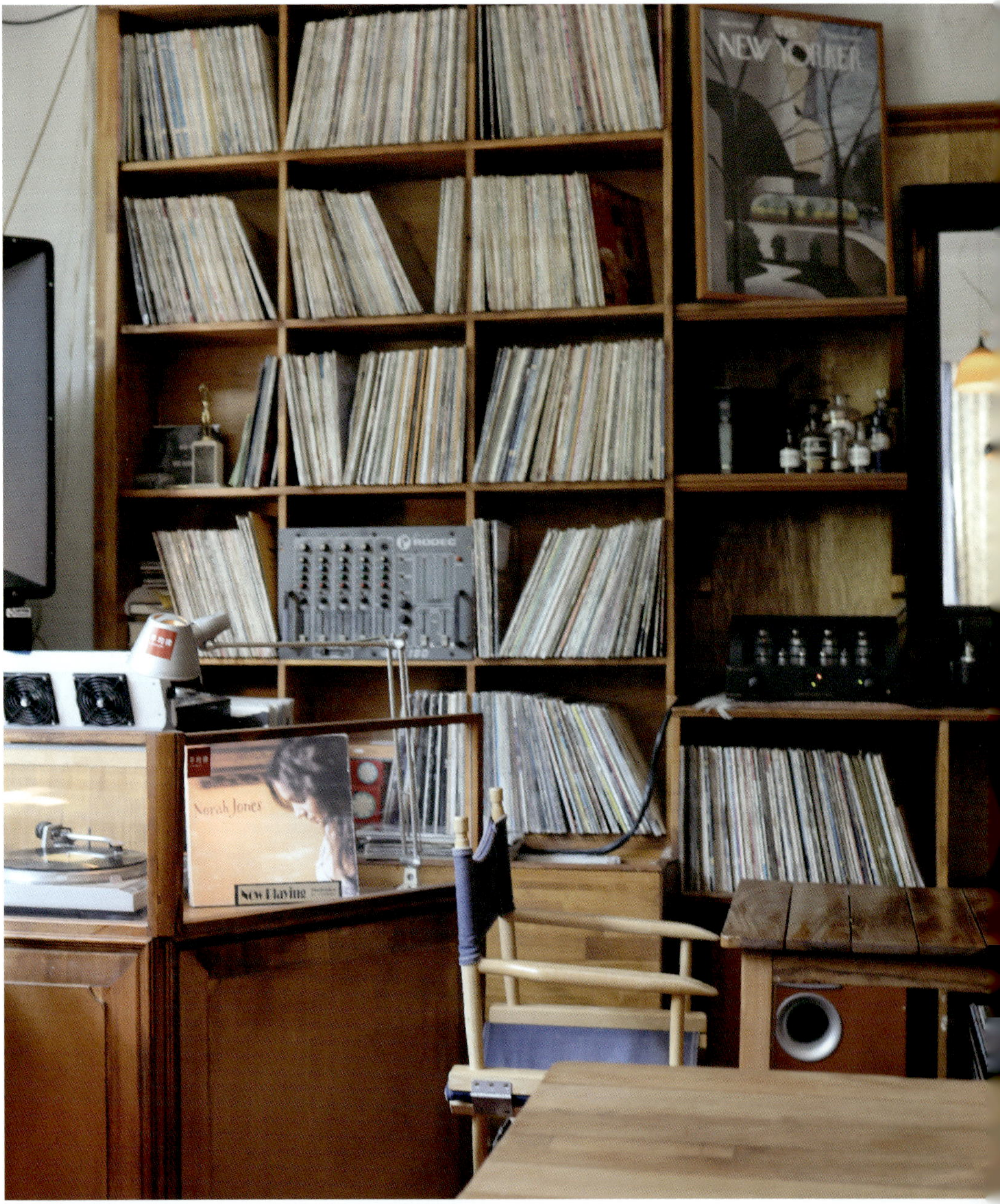

을지로 3가 골목의 밤이 깊어 갈 무렵, 평균율의 LP판 바늘도 느릿하게 움직이기 시작한다. 좁은 계단을 올라 문을 열면 원목 테이블과 빈티지 소품들이 눈길을 사로잡고, 낮은 조명과 함께 부드러운 분위기가 공간을 감싼다. 테이블 간격이 다소 가깝지만, 그만큼 술과 음악, 대화가 얽히며 친밀한 온도를 만든다.

술은 와인이 주인공이다. 글라스 와인만으로도 다양한 선택지가 있고 가볍게 한 병을 주문해도 부담스럽지 않다. 칵테일과 위스키 라인업은 물론 술과 함께 즐기기 좋은 음식 메뉴들도 준비되어 있다. 술과 사람, 음악이 지배하는 공간. 을지로의 밤을 오래도록 기억하고 싶다면, 와인 한 잔과 LP의 울림이 어우러진 이곳을 놓치지 말자.

W NOTE

을지로 3가 골목에 자리한 LP 바로, 와인을 중심으로 칵테일·위스키까지 갖춘 아늑한 공간이다. LP 선율과 빈티지 소품, 낮은 조명이 힙한 감성과 따뜻한 분위기를 동시에 완성한다. 을지로의 밤을 오래도록 기억하고 싶다면 와인 한 잔과 LP의 울림이 어우러진 이곳을 놓치지 말 것.

서울시 용산구 한강대로62길 45-25 지하1층
0507-1327-4112
18:00~01:00 (금, 토 02:00까지, 월요일 휴무)
Bar_Vier

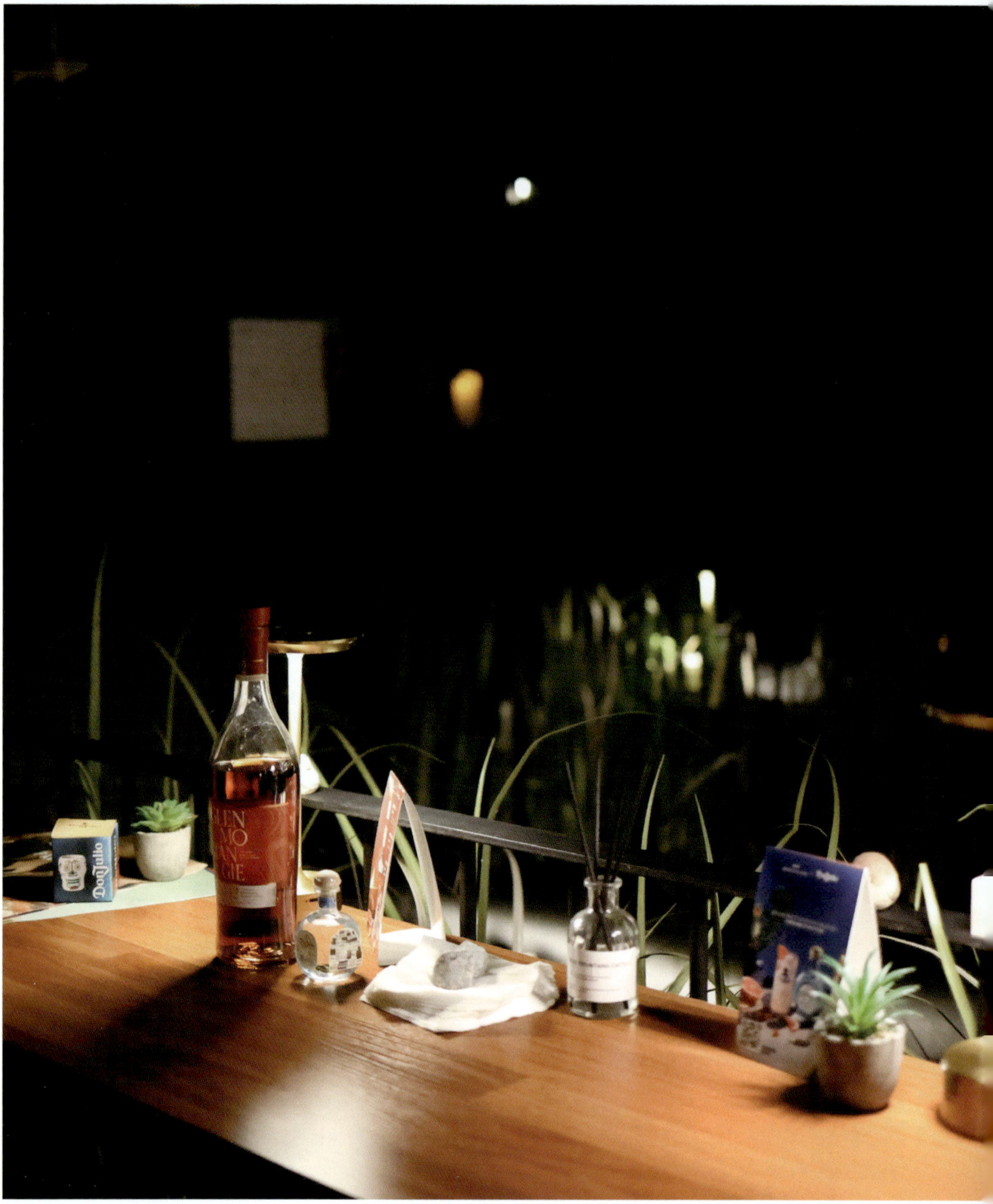

용리단길과 삼각지 사이, 은은한 조명 아래 고급스러운 분위기를 자아내는 '피어'. 세계 대회 우승 경력을 지닌 바텐더가 이끄는 이곳은 취향에 맞춘 섬세한 한 잔으로 유명하다.

시그니처 칵테일 '어른이 스무디'를 비롯해 계절마다 변화하는 시즈널 칵테일까지, 감각적이고 완성도 높은 메뉴가 이어진다. 감바스와 판나코타 등 식사 겸 안주도 훌륭하며, 가니쉬와 소품까지 콘셉트에 맞춘 센스가 돋보인다. 조용한 음악과 부드러운 조명, 편안한 공간 속에서 대화와 혼술, 데이트까지 모두 어울리는 곳. 완벽한 밸런스의 칵테일이 만들어내는 여운이 오래 남는, 용산 최고의 바 피어다.

✎ W NOTE

세계 대회 우승 경력의 바텐더가 이끄는 곳으로, 취향에 맞춘 섬세한 한 잔이 이곳의 가장 큰 자랑이다. 시그니처 칵테일 '어른이 스무디'부터 계절마다 바뀌는 시즈널 칵테일까지 감각적이고 완성도 높은 메뉴가 이어진다. 가니쉬와 소품까지 콘셉트에 맞춘 센스 있는 연출이 한 잔 한 잔을 작품으로 완성한다.

뮤직컴플렉스

서울시 종로구 인사동길 49,
안녕인사동 5층

12:00~23:00

music.complex.seoul

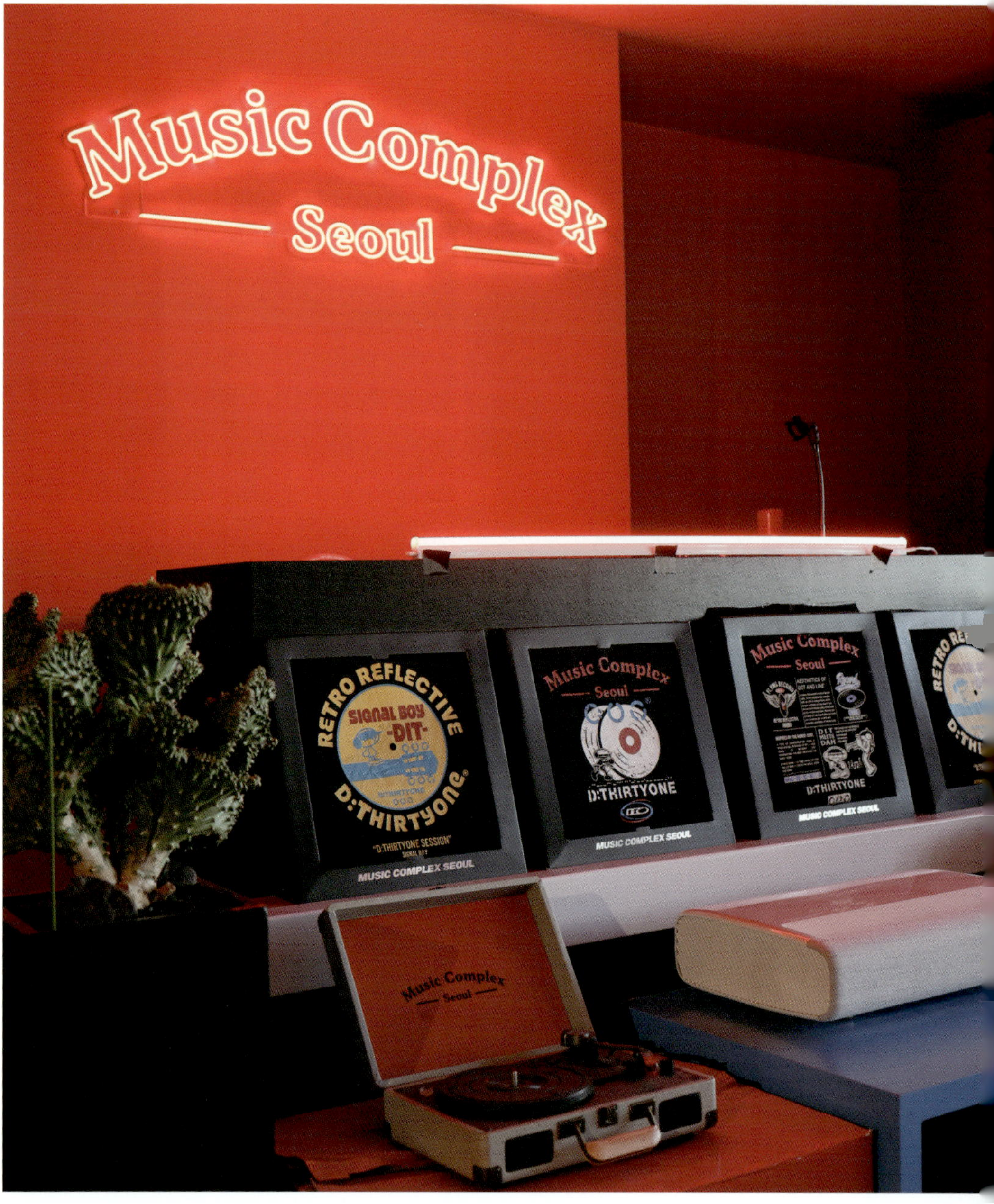

인사동에 위치한 뮤직 콤플렉스는 국내 최대 규모의 LP 카페로 약 2만 장에 이르는 LP를 보유하고 있다. 특히 각 좌석마다 턴테이블과 헤드셋이 마련되어 있어 방문객이 직접 원하는 음악을 감상할 수 있다는 점이 가장 큰 매력이다. 강렬한 레드 컬러를 포인트로 120평 규모의 공간이 마치 힙한 클럽처럼 꾸며져 있어 아날로그 감성과 현대적인 분위기가 조화를 이루고 있다. 고급 음향 기기를 갖춘 프라이빗 청음실은 별도의 비용과 사전 예약을 통해 이용할 수 있다. 국내 가요는 물론 팝송, 재즈, 록, 영화음악 등 다양한 장르의 LP를 보유하고 있어 취향에 맞는 음악을 직접 찾아 듣는 것도 뮤직 콤플렉스에서만 느낄 수 있는 즐거움이다. 또한 라틴 음악과 재즈 장르의 공연이 시기별로 열리고 있어 아날로그 음악과 함께 생동감 있는 공연도 즐길 수 있다. 간단한 음료부터 맥주, 와인, 하이볼까지 갖추고 있다.

✎ W NOTE

2만 장의 LP를 보유한 국내 최대 규모의 **LP 카페**로, 각 좌석마다 턴테이블과 헤드셋이 마련되어 직접 원하는 음악을 골라 들을 수 있다. 가요·팝·재즈·록·영화음악까지 장르도 다양해 취향에 맞는 음반을 찾아 듣는 재미가 있다.

수도원의 달콤한 침묵

혜화수도원

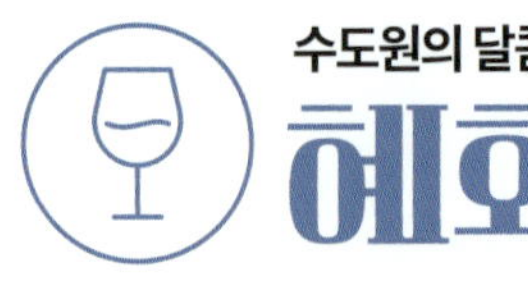

- 서울시 종로구 동숭3길 16 지하1층
- 02-747-1933
- 17:00~01:00 (토, 일 16:00 오픈)
- soodowon

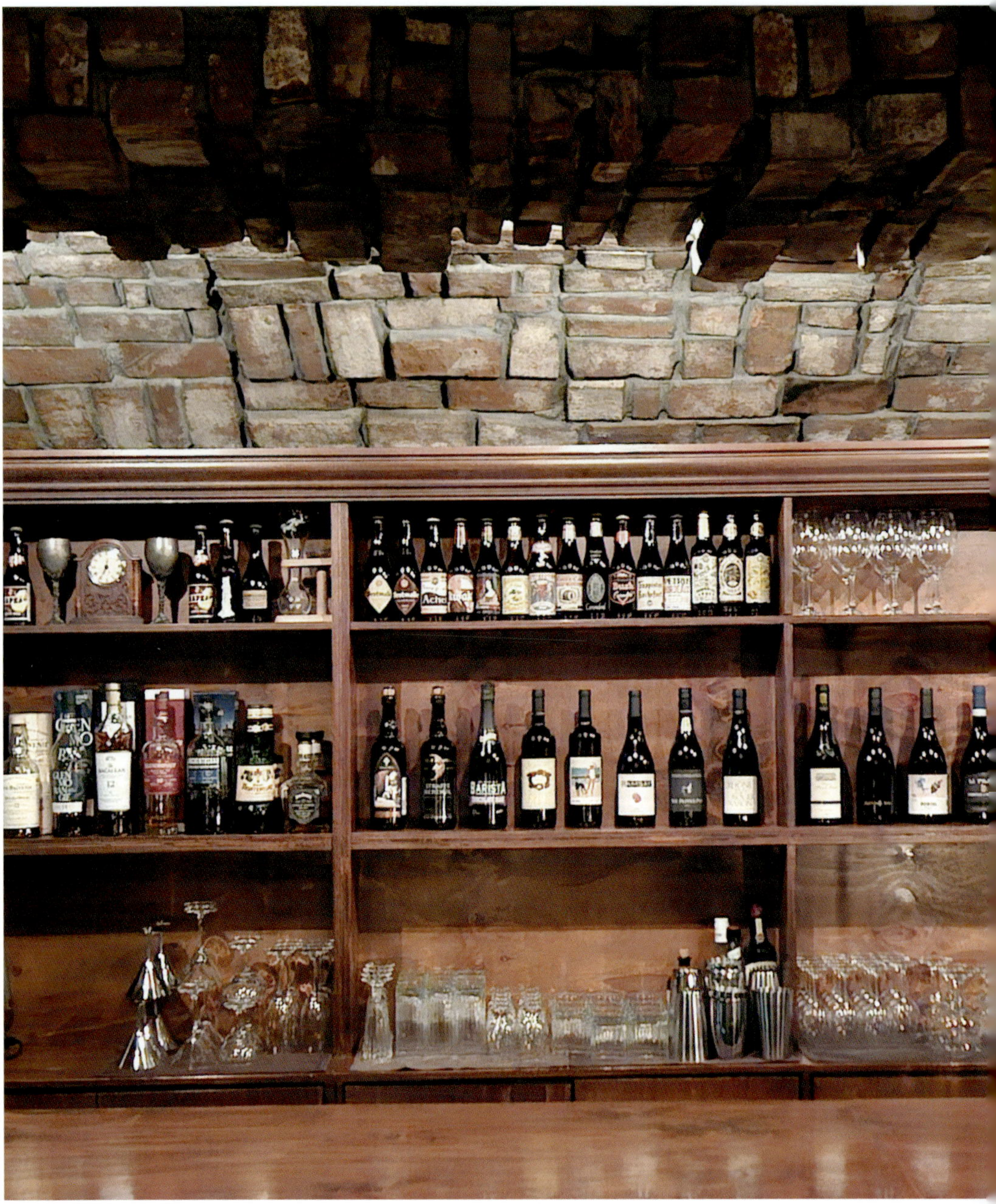

도시 한복판에서 만나는 혜화수도원은 대학로의 활기찬 거리와는 다른 리듬으로 잠시 멈추어 숨을 고르게 하는 공간이다. 벽돌로 쌓아 올린 고풍스러운 건물은 오랜 시간과 기도를 머금은 듯 고요하다. 어두운 동굴 같은 공간으로 들어서면 단출한 내부는 화려하지 않지만, 절제 속에서 정적인 울림을 전한다.

'수도원맥주'를 중심으로 와인과 위스키를 즐길 수 있으며 커피와 다크 초콜릿의 농익은 풍미가 느껴지는 올드 라스푸틴과 가벼운 바디와 허브나 레몬제스트가 떠오르는 라 트라페 위트가 시그니처이다. 어둠 속 촛불이 주된 조명인 수도원 특유의 차가운 공기 속에서도 마음은 따뜻하게 가라앉는다. 밤이 깊어질수록 대화의 온도도 깊어진다.

✎ W NOTE

붉은 벽돌 건물 지하, 어두운 동굴 같은 공간에 촛불이 주된 조명으로 수도원 특유의 고요하고 차가운 공기가 인상적이다. 화려하지 않은 단출한 내부지만 절제 속에서 정적인 울림을 전하는 공간으로, 대학로의 활기찬 거리와는 전혀 다른 리듬으로 숨을 고르게 해준다. 밤이 깊어질수록 대화의 온도도 깊어지는 혜화의 숨은 명소다.

도시의 소음이 멈추는 밤

부기우기

서울시 용산구 회나무로 21 2층
0507-1490-3061
17:30~00:30
boogiewoogieseoul

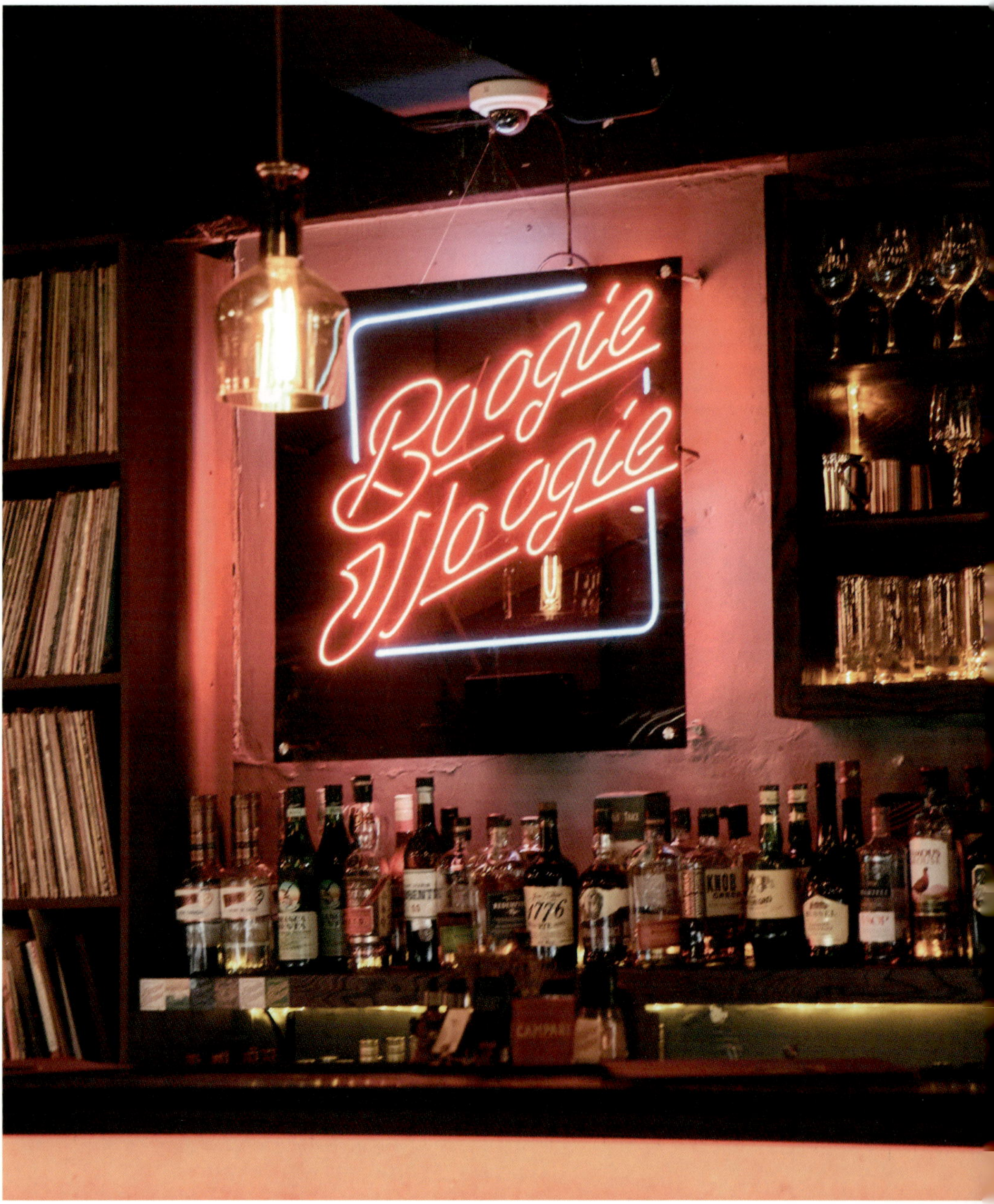

이태원 경리단길에 위치한 라이브 재즈바로, 매일 수준 높은 재즈 공연을 감상할 수 있는 소중한 공간이다. 문을 열고 들어서면 도시의 소음 대신 기분 좋은 선율이 공기를 가득 채우는 곳. 피아노 선율과 베이스의 저음이 묵직하게 깔리는 시간이면 부기우기를 찾는 이들이 더욱 많아진다. 칵테일, 와인, 위스키 등 다양한 주류와 피자, 감자튀김 등 간단한 메뉴도 판매하고 있다. 재즈의 리듬을 방해하지 않는 클래식한 분위기에서

즐기는 한 잔의 술은 머무는 시간을 더욱 즐겁게 만든다.

연주가 깊어질수록 가장 많이 선택되는 위스키와 과하지 않은 단맛과 묵직함이 잘 어울리는 클래식 칵테일, 즉흥 연주처럼 군더더기 없는 마티니와 논알코올까지. 재즈가 일상이 되는 부기우기에서 도시의 소음이 멈추는 밤의 여유를 즐길 수 있다.

태원 경리단길의 라이브 재즈 바로, 매일 열리는 수준 높은 공연이 도시의 소음을 완전히 잊게 만든다. 위스키, 칵테일, 와인 등 다양한 주류와 간단한 푸드 메뉴를 갖추고 있어 공연과 함께 편안하게 즐길 수 있다. 재즈가 일상이 되는 밤의 여유를 경험하고 싶다면 부기우기를 찾아가 보자.

서울시 종로구 삼일대로 15길
0507-1433-0619
18:30~24:00
chunnyun.jonggak

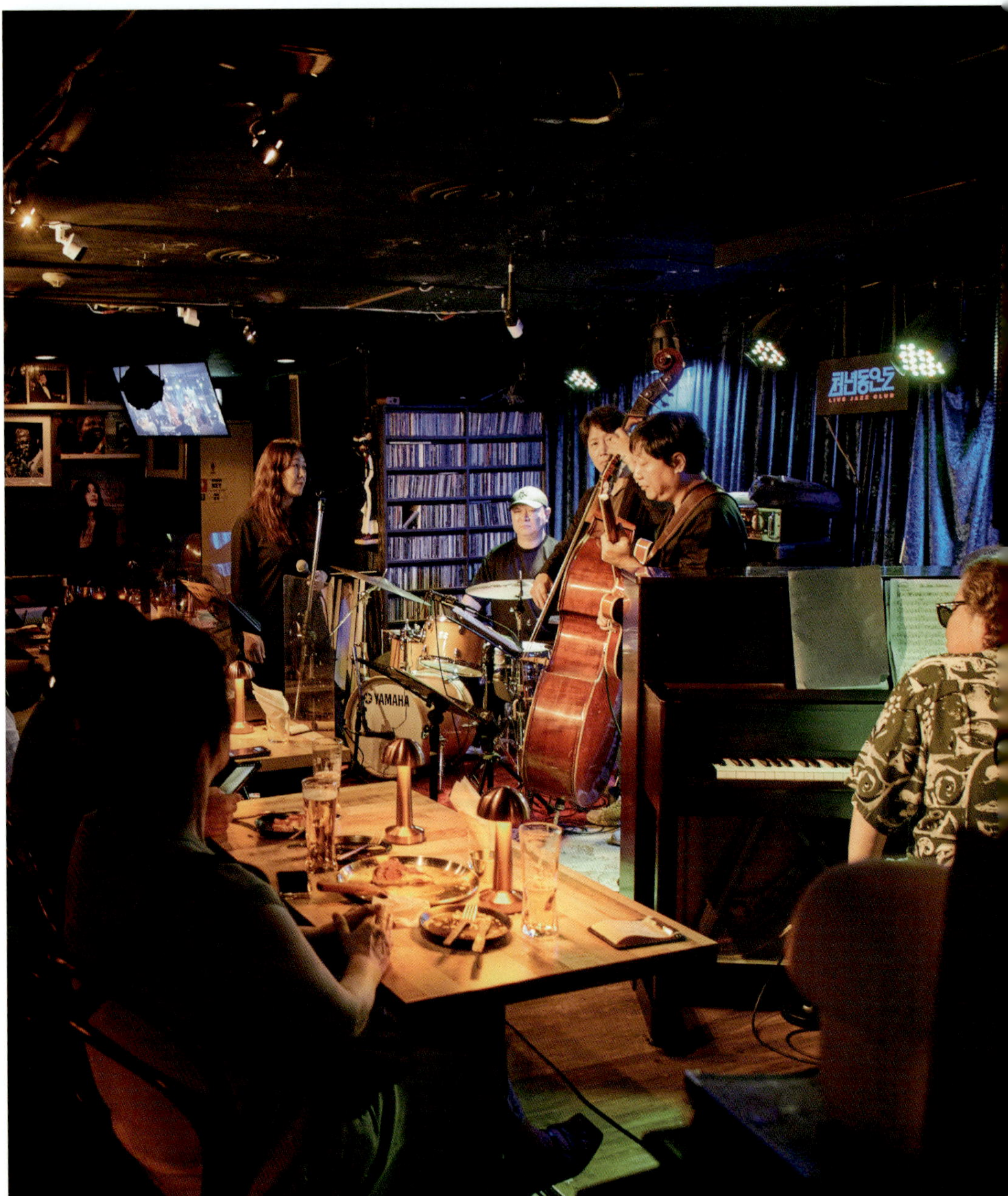

대학로에서 처음 시작된 작은 재즈 클럽이 2026년에도 공연을 이어오고 있다. 1996년도에 지금의 '천년동안도'라는 이름을 시작해 그동안 수많은 국내 재즈 아티스트들과 해외 재즈 뮤지션들이 라이브 공연을 해온 명소다. 음악 매니아들이라면 한 번쯤 다녀갔을 만큼 한국을 대표하는 재즈 클럽으로 명맥을 이어 나가고 있다.

공연 관람과 함께 맛있는 음식과 위스키를 즐기며 특별한 날을 기념하기에 적합한 곳이다. 낙원상가 옆 작은 골목을 오랜 시간 지켜온 천년동안도는 '천년 동안 계속되는 재즈의 섬'이라는 의미로 오늘날까지 국내 재즈 문화에서 중요한 역할을 담당하고 있다.

W NOTE

국내외 재즈 아티스트들의 라이브 공연을 맛있는 음식과 위스키와 함께 즐길 수 있는 특별한 공간이다. 공연 관람과 다이닝이 자연스럽게 어우러져 특별한 날을 기념하기에도 더없이 좋은 선택이다. 1987년부터 이어온 긴 역사가 공간 곳곳에 고스란히 스며들어 있다.

클래식 무드 속 품격 있는 서비스를 갖춘 공간
소코

서울시 용산구 한남대로20길 47
02-796-4486
19:00~02:00
soko_bar

고풍스러운 유럽의 중세와 개화기 경성을 모티브로 한 클래식한 분위기. 따뜻한 조명과 감각적인 소품이 어우러진 이곳은, 혼술부터 기념일 데이트까지 누구에게나 품위 있는 시간을 선사하는 공간이다.

클래식 칵테일인 맨하탄, 네그로니, 마티니, 페니실린은 물론, 다양한 스피릿과 와인, 수준 높은 음식이 준비되어 있고, 논알콜 칵테일도 진심을 담아 제공된다. 발렛 주차 가능한 곳으로, 친절한 응대와 안락한 분위기 속에서 한 달에 한 번쯤 나를 위한 힐링을 선물하기 좋은 곳. 단골도, 첫 방문자도 예외 없이 대접받는 진짜 '클래식 바'의 품격이 살아있는 장소다.

✎ W NOTE

개화기 경성과 유럽 중세를 모티브로 한 클래식한 분위기의 칵테일 바로, 친절한 응대와 안락한 환경이 방문할 때마다 특별한 경험을 만들어준다. 클래식 칵테일부터 논알콜까지 메뉴 구성이 탄탄하며 발렛 주차도 가능하다. 나를 위한 품격 있는 한 잔이 필요한 날, 소코를 추천한다.

을지FM

서울시 중구 충무로5길 26 2층
☎ 070-7136-9001
🕐 18:30~02:00
(토, 일 17:30 오픈, 일 01:00까지, 월요일 휴무)
📷 euljifm

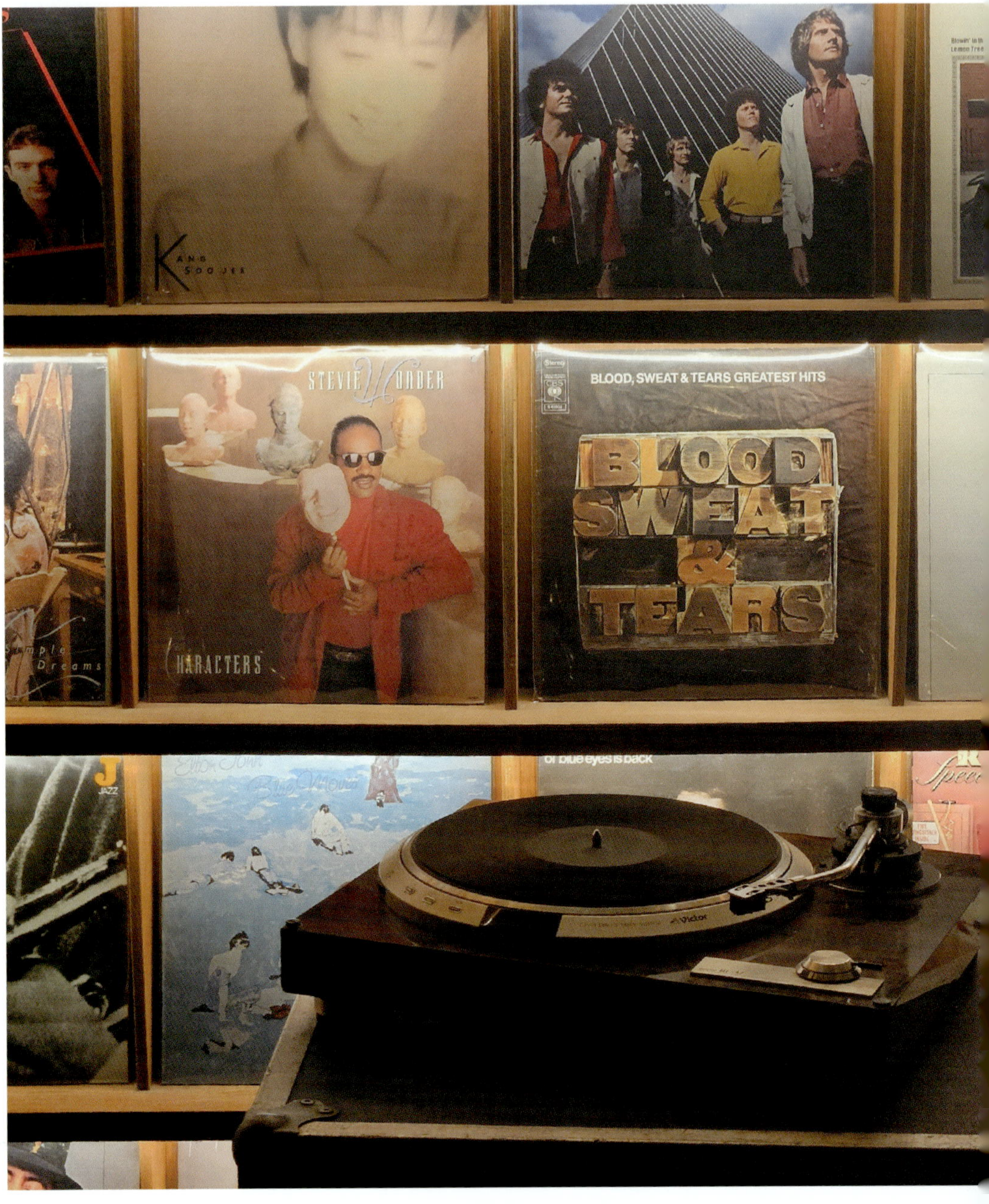

을지로의 좁은 골목 사이에 눈에 띄는 간판의 을지FM이 있다. 을지FM은 다양한 술과 음악을 함께 즐길 수 있는 숨은 보석 같은 공간이다. 문을 열고 들어가면 이름과 어울리는 감각적인 음악이 흘러나온다. 하우스, 올드팝, 예기치 못한 새로운 장르까지. 리듬은 자연스럽게 이어지고 어느새 음악이 배경이 아닌 중심이 된다.

와인, 위스키, 하이볼류의 다양한 주류와 그에 어울리면서 음악을 방해하지 않는 간결한 안주들이 준비되어 있다. 을지FM의 매력은 '함께 듣는 경험'에 있다. 낯선 사람들과 같은 주파수, 같은 비트를 공유하는 순간 을지로의 밤이 더욱 즐거워진다. 좋은 사운드 속에서 음악에 취하고 싶은 날 찾게 되는 공간이다.

✎ W NOTE

하우스, 올드팝부터 예기치 못한 장르까지 감각적인 음악이 배경이 아닌 중심이 되는 공간이다. 낯선 사람들과 같은 주파수와 비트를 공유하는 '함께 듣는 경험'이 을지FM만의 가장 큰 매력이다. 음악에 취하고 싶은 날, 을지로의 밤을 더욱 즐겁게 만들어주는 곳이다.

SEOUL
동북권

도봉구
노원구
강북구
성북구
중랑구
동대문구
성동구
광진구

독일 감성을 담은 한 잔의 진심

그룬트

⚲ 서울시 성동구 성수이로 12길 13
☎ 0507-1315-1376
🕐 15:00~24:00, 일 14:00~22:00 (월요일 휴무)
📷 grund_seongsu

독일 와인의 청량함과 정체성을 오롯이 담아낸 공간인 그룬트는 북적이는 성수동 골목의 끝자락에 자리한 조용하고 아늑한 분위기의 와인바다. 깔끔한 독일 리슬링과 풍미가 깊은 쾰시 맥주가 대표이고 와인리스트는 계절과 무드에 따라 유연하게 구성된다. 특히 네 가지 다른 종류의 리슬링을 경험할 수 있는 '리슬링 샘플러'는

주인장의 친절하고 자세한 설명과 함께 독일을 여행하는 기분은 물론 오롯이 나만의 와인을 찾아가는 기쁨을 느낄 수 있다.

구석구석 공간의 디테일과 취향이 어우러져 차분하며 데이트뿐 아니라 여유롭게 혼술을 즐기기에도 좋다. 작은 바임에도 깊은 여운을 만드는 그룬트, 그 한잔의 진심이 머무는 공간이다.

✎ W NOTE

성수동 골목 끝에 자리한 독일 와인 전문 바로, 깔끔한 리슬링과 쾰시 맥주가 대표 메뉴다. 네 가지 리슬링을 비교하며 맛보는 '리슬링 샘플러'는 주인장의 상세한 설명과 함께 독일을 여행하는 기분을 선사한다. 조용하고 아늑한 분위기 덕분에 데이트와 혼술 모두 편안하게 즐길 수 있다.

영국의 펍 같은 캐주얼 위스키바

멜로우브라운

서울시 성동구 상원6길 10-1
0507-7153-2240
18:30~02:00 (월요일 휴무)
mellowbrown_sungsu

성수의 골목 한 켠, 작은 간판, 소박하지만 트렌디한 외관이 돋보이는 멜로우브라운이 있다. 멜로우브라운의 위스키 셀렉션은 셰리위스키를 사랑하는 주인장님의 취향을 담아 방향이 분명하다. 데일리로 즐길 수 있는 싱글 몰트부터 다양한 셰리위스키, 개성이 또렷한 클라세 아줄까지, 한 병 한 병이 주인의 기준을 통과한 느낌이다. 위스키 입문자라면 위스키 취향을 찾는 친절한 안내자가 되고 싶어하는 주인장님의 추천을 받아도 좋다.

멜로우브라운에서 가장 인상적인 건 음악의 태도다. 위스키의 가장 좋은 안주는 음악이라 믿는 바의 철학이 사람 키만 한 스피커에서부터 느껴진다. 대화를 밀어내지 않으면서도 분명히 존재감을 드러내는 음악들. 조용히 앉아 좋아하는 위스키를 한 잔 마시며, 위스키와 어울리는 플레이리스트를 즐기고 싶은 날. 말이 많아질 필요 없는 밤에 가장 잘 어울리는 공간이다.

✎ W NOTE

셰리 위스키를 사랑하는 주인장의 취향이 고스란히 담긴 위스키 셀렉션이 이곳의 핵심이다. 데일리 싱글 몰트부터 개성 있는 셰리 위스키, 클라세 아줄까지 한 병 한 병이 기준을 통과한 느낌이며, 입문자라면 주인장의 친절한 추천을 받아보자.

바테일러

서울시 성북구 아리랑로2길 23
070-7608-6583
20:00~05:00
bar_tailor

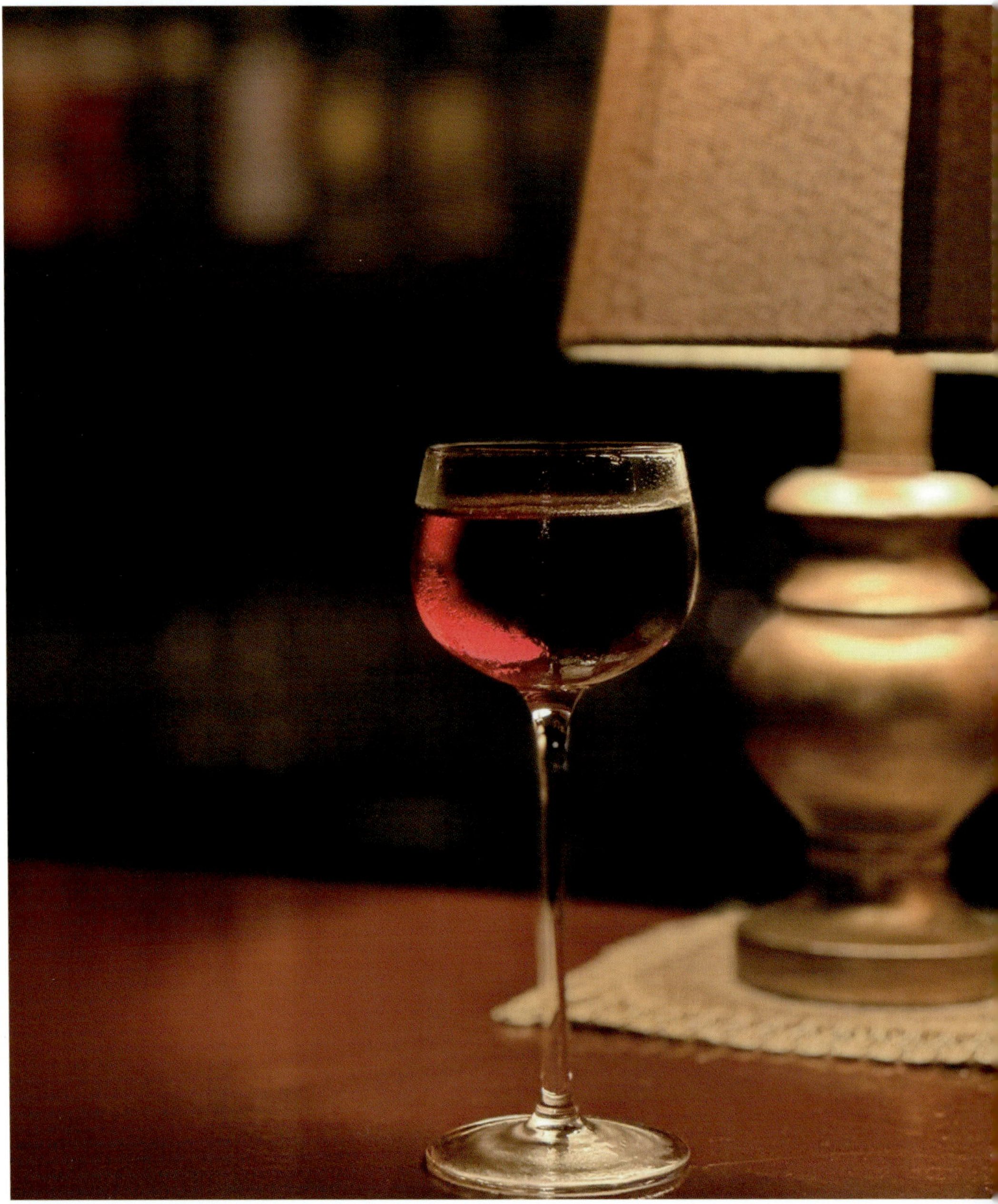

성신여대 근처 골목길에 위치하고 있는 한옥 감성의 칵테일 바. 초록 철문을 열고 들어서면 아늑한 마당을 품은 ㅁ자형 한옥 구조가 펼쳐진다. 조명과 재료에 세심하게 신경을 쓴 바 내부는 고급스러움과 편안함을 동시에 전달한다.

정장 차림의 바텐더가 기본기 탄탄한 스타일로 손님들의 니즈를 차분하게 사로잡고 위스키 라인업도 다양한 편이라 선택의 폭이 넓다. 기호를 말하면 바텐더가 맞춤으로 만들어주기 때문에 나만의 취향을 찾을 수 있다. 골목 안쪽에 있기 때문에 조용히 찾아오는 사람들이 많아 늦은 밤에도 여유로운 분위기를 느낄 수 있다. 또한 한옥이라는 외관과 달리 내부는 현대적인 칵테일 바에 어울리는 인테리어를 완성하고 있어 전통과 현대의 균형이 매력 포인트다. 자몽과 과일 향이 특징인 페이플레인과 진과 레몬, 토닉 베이스로 깔끔한 진니키 칵테일을 추천한다.

🖊 W NOTE

성신여대 골목 한옥 칵테일 바로, ㅁ자형 한옥 구조와 현대적 인테리어가 조화롭게 어우러진 공간이다. 기본기 탄탄한 바텐더의 맞춤 칵테일과 다양한 위스키 라인업이 강점이며, 조용한 골목 안쪽에 자리해 늦은 밤에도 여유롭게 머물 수 있는 곳이다.

청와인과 여백의 미학

브릴로

서울시 성동구 서울숲6길 14 2층 202호

0507-1419-0523

18:00~23:00, 일 17:00~22:00 (월, 화 휴무)

brillo_Seoul

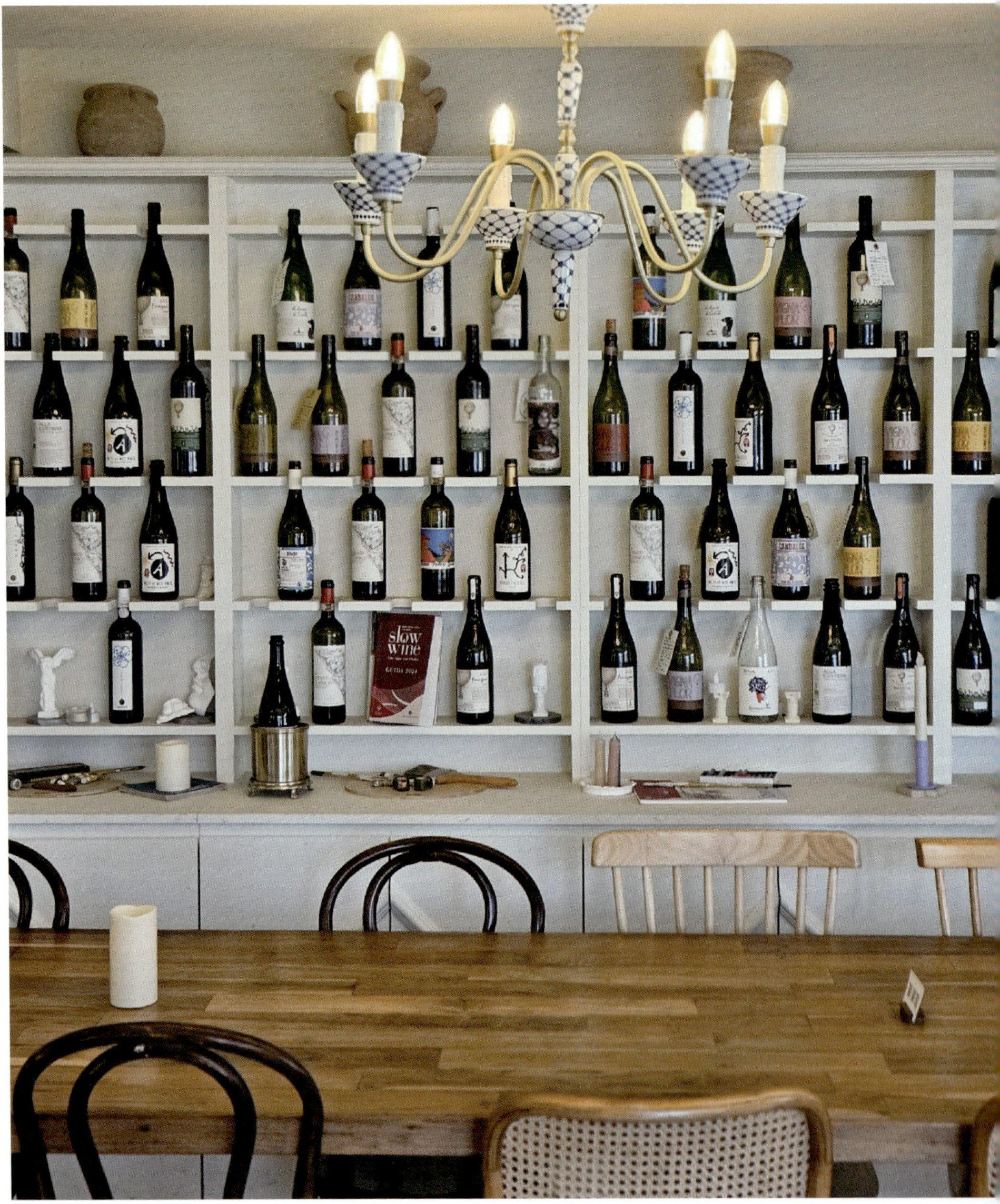

성수동 빈티지한 골목을 따라 걷다 보면, '브릴로'라는 이름만큼이나 부드러운 이미지의 건물 2층에 와인바 브릴로가 나타난다. 아이보리 빛 외관과 과하지 않은 소품, 직접 골라온 듯한 컵들이 '온화한 미니멀리즘'의 인상을 풍긴다. 브릴로는 단순한 와인바가 아니라, 이탈리아 내추럴 와인 수입사 '알로라 와인(Alora Wine)'의 와인들이 진열되어 있는 와인 갤러리 같은 곳으로, 병으로도 판매하고 매장 내 테이블에서 직접 마실 수도 있다.

음식은 소박하지만 세심하다. 간단한 치즈 플레이트나 고소한 빵, 또는 와인의 풍미나 여운을 방해하지 않는 담백한 안주들이 조화를 이룬다. 창이 넓어 공간의 밝기가 낮과 밤이 다르게 조율되는데 낮에는 자연 빛이 부드럽게 들어오고 밤에는 조명이 은은하게 바뀌어 조용한 대화나 사색의 공간으로 변한다. 브릴로는 '잔잔하지만 존재감 있는 한 잔'을 원하는 이들에게 적합한 공간으로, 성수라는 도시의 빠른 리듬 속에서도 잠깐 멈춰 숨을 고르게 해주는 공간이다.

✎ W NOTE

이탈리아 내추럴 와인 수입사 알로라 와인의 와인들이 진열된 와인 갤러리 같은 공간으로, 병 구매와 매장 내 음용이 모두 가능하다. 치즈 플레이트와 담백한 안주 등 와인의 풍미를 방해하지 않는 세심한 푸드 구성이 인상적이다.

WHISKY & WINE BAR
GUIDEBOOK

SEOUL

동남권

강동구
송파구
서초구
강남구

서울시 강남구 선릉로162길 43 1층
02-542-8003
18:00~02:00
casadelvino2002

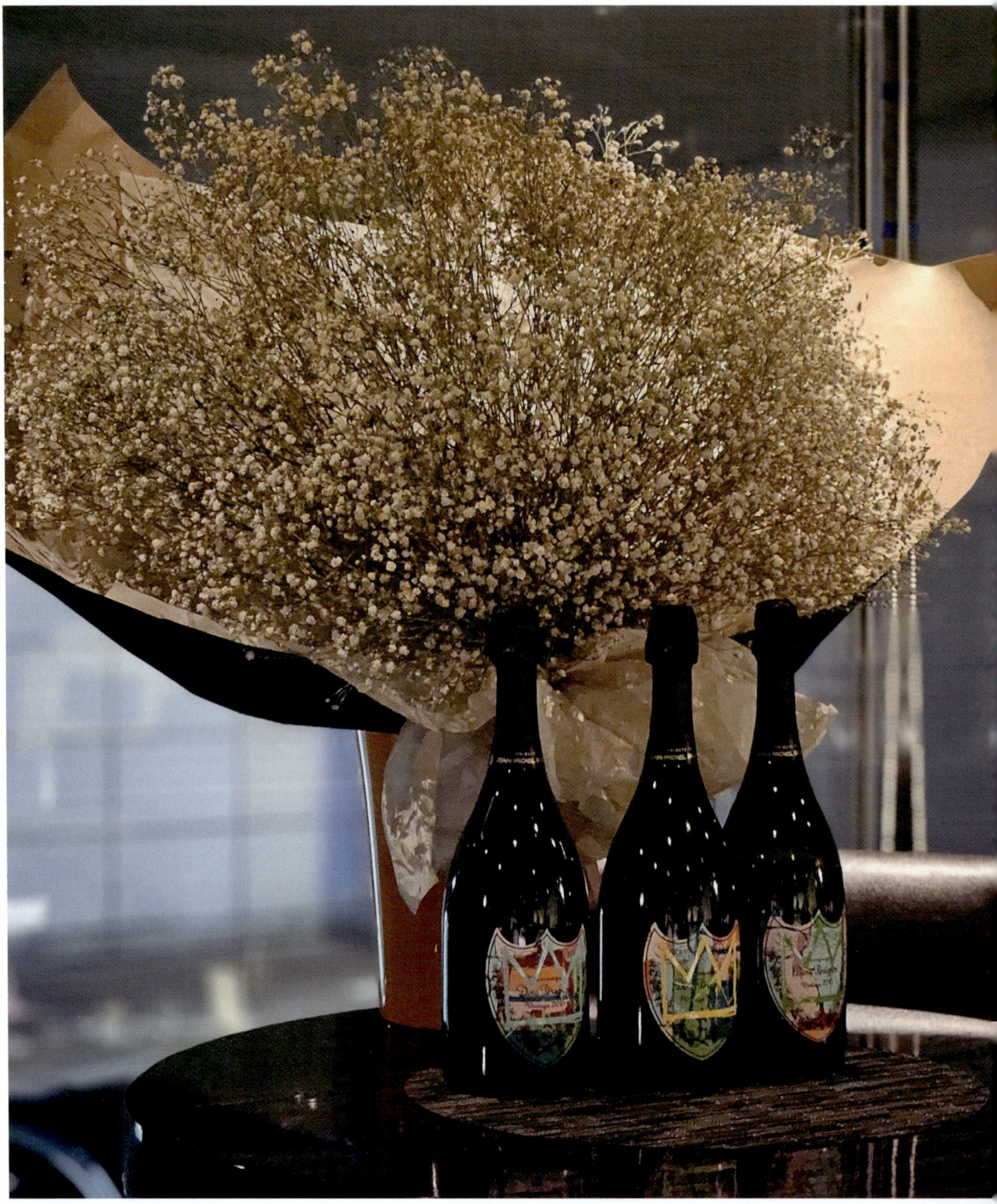

청담의 세련된 거리 한 켠, 한적해 보이는 건물 안, 문을 열고 들어가면 경쾌하지만 가볍지 않고, 진지하지만 무겁지 않은 공간, 까사델비노가 기다리고 있다. 대리석 바 테이블과 은은한 조명이 어우러진 실내는 고급스러우면서도 지나치게 꾸미지 않은 여유를 품고 있다. 와인 입문자도 부담 없는 클래식한 와인부터 희귀 빈티지까지 700여 종이 넘는 와인을 폭넓게 갖추고 있어 다양한 취향을 아우른다.

내부는 바 공간, 홀, 룸으로 나뉘어 있어서 모임의 성격에 따라 자리를 고를 수 있고, 와인의 풍미를 더해주며 든든한 식사로도 손색이 없는 메뉴가 준비되어 있다. 와인애호가들 사이에서 와인바의 시초와 같은 곳으로 오랜 경험이 쌓인 소믈리에의 감각과 와인 컬렉션은 까사델비노를 단순한 바가 아닌 '와인바의 교본'과 같은 곳으로 만들어준다.

✎ W NOTE

700여 종이 넘는 와인을 갖춘 청담의 와인 성소로, 클래식한 입문용부터 희귀 빈티지까지 폭넓은 셀렉션이 자랑이다. 오랜 경험이 쌓인 소믈리에의 감각 있는 추천으로 취향에 맞는 한 병을 찾아가는 즐거움이 있다. 와인 애호가들 사이에서 와인바의 시초로 불리는 곳답게 컬렉션의 깊이가 남다르다.

책장 뒤에 숨겨진 스피크이지 바

르챔버

- 서울시 강남구 도산대로55길 42 지하 1층
- 010-9903-3789
- 19:00~03:00 (금, 토 04:00, 일 02:00까지)
- le_chamber

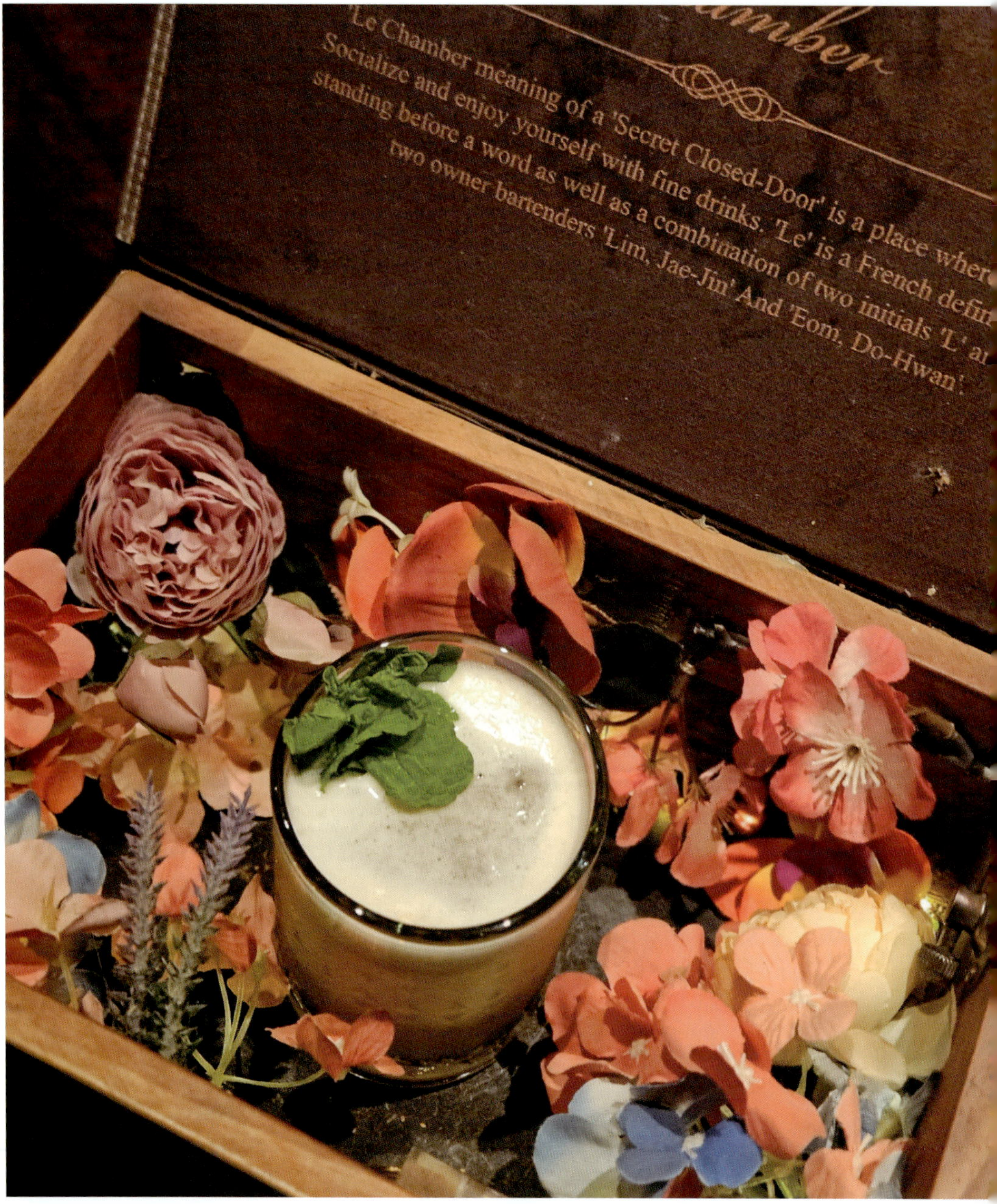
'Le Chamber meaning of a 'Secret Closed-Door' is a place wher
Socialize and enjoy yourself with fine drinks. 'Le' is a French defi
standing before a word as well as a combination of two initials 'L' ar
two owner bartenders 'Lim, Jae-Jin' And 'Eom, Do-Hwan'.

고전 서재처럼 꾸며진 책장의 문을 열고 들어가면 아늑한 공간이 마법처럼 펼쳐지는 곳. 어두운 가죽 소파와 마호가니 테이블, 크리스털 샹들리에가 어우러져 고급스러움과 아늑함을 동시에 느낄 수 있다. 세계적인 칵테일 대회인 월드 클래스 한국 대표 출신들이 모여 있으며 그 덕분에 칵테일에 대한 연구와 퍼포먼스가 돋보이는 곳이다.

시그니처 칵테일인 챔버스토리를 포함해 독창적인 레시피의 칵테일이 많고 위스키 종류도 다양해 취향에 따라 즐기기 좋다. 한 잔의 여유를 찾는 이들에게 조용하지만 특별하게 마시는 경험을 선사하며 묵직하게 자리를 지키고 있는 서울을 대표하는 바 중에 하나다.

✎ W NOTE

고전 서재처럼 꾸며진 책장 문을 열고 들어서면 어두운 가죽 소파와 마호가니 테이블, 크리스털 샹들리에가 어우러진 아늑하고 고급스러운 공간이 펼쳐진다. 월드 클래스 한국 대표 출신 바텐더들이 모여 칵테일 연구와 퍼포먼스가 돋보이는 서울을 대표하는 바다.

마이리틀케이브

서울시 강남구 논현로94길 7 3층
☎ 010-8883-8736
🕒 19:00~24:00 (일요일 휴무)
📷 mylittlecave_bar

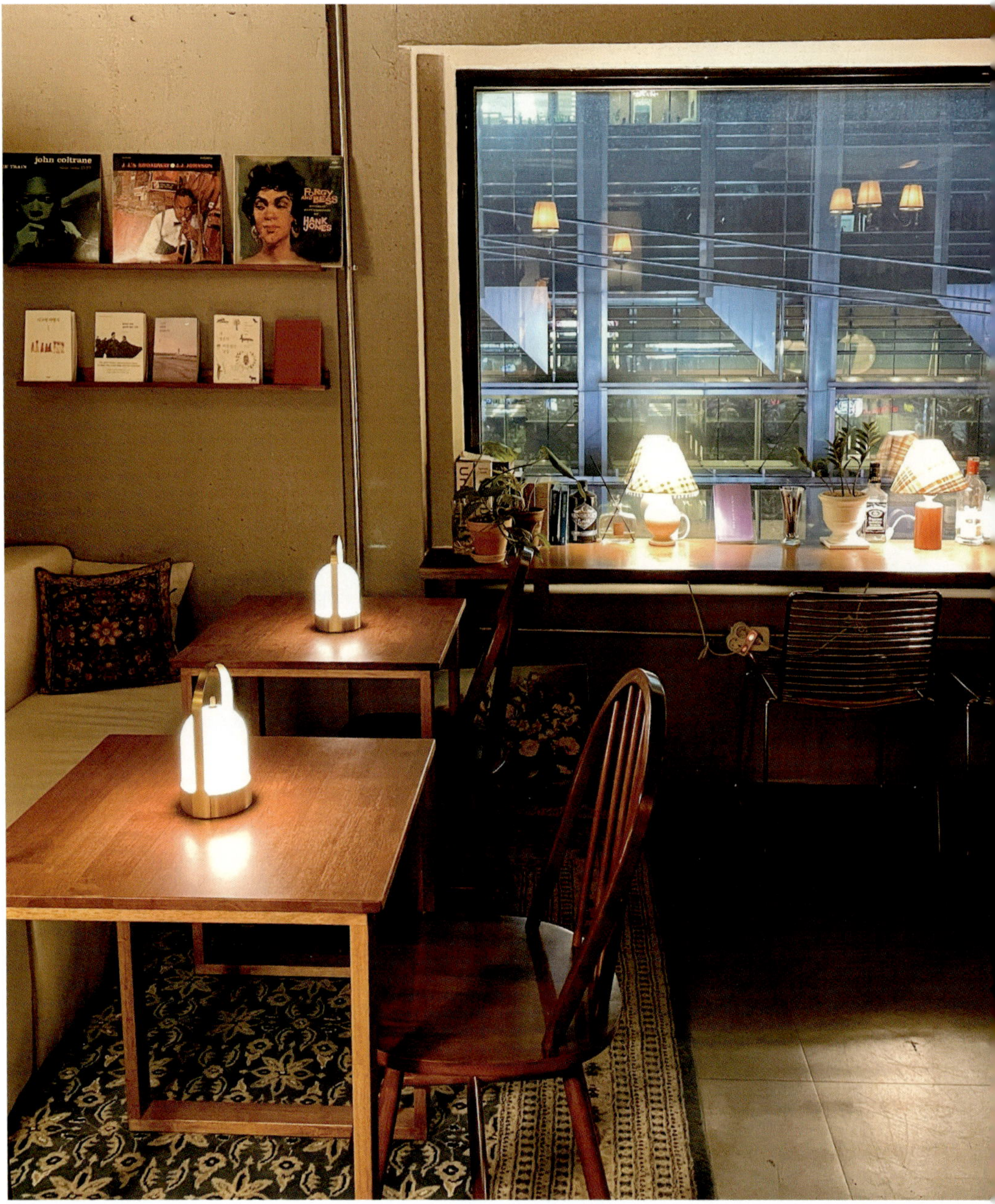

낮은 조도 속 은은하게 흐르는 재즈에 빈티지 인테리어가 맞물려 최적의 공간을 완성한 마이리틀케이브. 음식을 판매하기보단 가벼운 페어링 위주의 안주와 독서하기 좋은 공간 연출에 충실해 책 읽기에 최적의 장소다. 큰 책장과 우드톤 바가 어우러진 유럽풍 서재를 연상시키는 이곳은 혼술 또는 독서 모임을 즐기기에 좋다.

번화한 역삼동에 있지만 건물 3층, 아늑하게 자리 잡고 있어 이름 그대로 '나만 아는 동굴'같은 공간이다. 낮에는 예약제로 운영하고 있어 더욱 조용하고 여유로운 시간을 보낼 수 있고, 금요일이면 'Vinyl Night' 이벤트가 열리는데 1930년대 빅밴드 재즈부터 1980년대 소울펑크를 즐길 수 있다. 특히 안쪽에 있는 서재는 위스키 한 잔과 함께 책 읽기 좋은 리딩바의 매력을 느낄 수 있는 사랑스러운 공간이다.

✎ W NOTE

역삼동 건물 3층에 숨은 유럽풍 서재 감성의 바로, 재즈와 빈티지 인테리어가 어우러진 혼술 아지트다. 위스키 한 잔과 함께 책을 읽을 수 있는 안쪽 서재가 특히 매력적이며, 금요일 Vinyl Night 이벤트도 놓치지 말 것.

레니 LP MUSIC BAR

서울시 서초구 논현로 117 소정빌딩 2층 ☎ 0507-1371-2271 🕐 19:00~01:00 (금, 토 02:00, 일 24:00까지) 📷 lenny_lpmusicbar

서울 양재천변 골목에 자리 잡은 LP BAR. 아날로그 감성과 현대적인 감각이 공존하는 감성적인 공간으로 매장 내부를 가득 채우고 있는 LP가 시선을 사로잡는다. 장르의 경계 없이 90년대 팝부터 힙합, 가요까지 다양한 음악을 감상할 수 있으며 테이블에 비치된 종이에 신청곡을 적어내면 DJ가 직접 턴테이블 또는 스크린을 통해 곡을 재생해준다.

여유로운 양재천의 밤풍경을 바라볼 수 있는 창가와 테라스 자리가 특히 인기가 많다. 이곳을 아는 이들이라면 숨겨두고 싶을 만큼 밤이 깊을수록 분위기가 더욱 살아나는 양재천 인근의 소중한 LP BAR로 간단한 안주도 판매하고 있다.

✎ W NOTE

양재천변 골목에 자리해 여유로운 밤 풍경을 바라볼 수 있는 창가와 테라스 자리가 특히 인기다. 아는 이들만 숨겨두고 싶을 만큼 아늑하고 감성적인 공간으로 간단한 안주와 함께 편안하게 머물 수 있다. 밤이 깊어갈수록 **LP** 선율과 양재천 풍경이 어우러져 특별한 분위기를 만들어낸다.

서울시 강남구 도산대로 15길 32 2층
☎ 0507-1441-4541
🕐 18:00~02:00 (일요일 휴무)
museon_garosugil

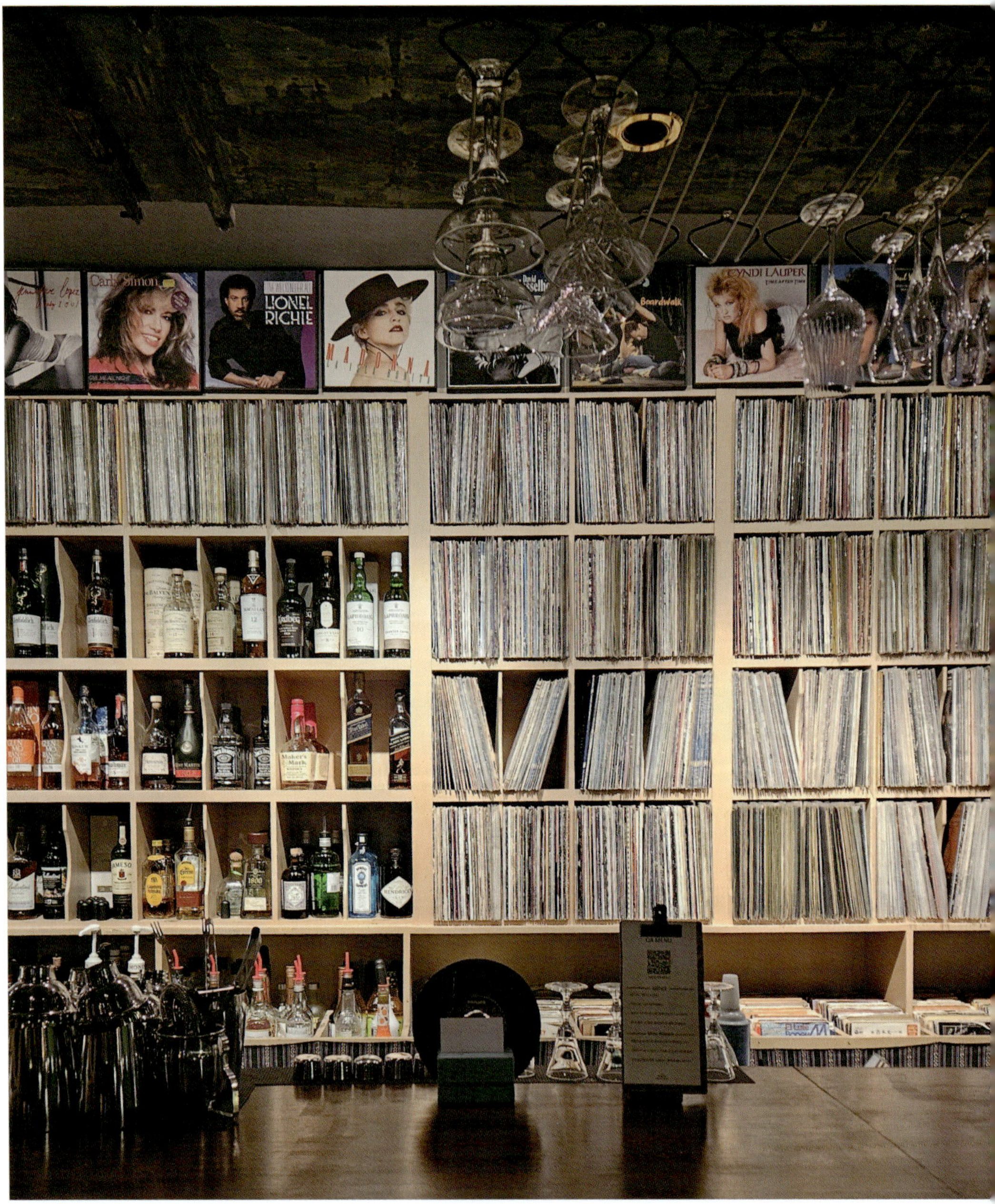

다양한 패션 로드숍과 맛집이 몰려 있어 이색적인 공간이 많은 가로수길은 압구정 로데오 거리와 청담동 갤러리 거리와 함께 문화와 쇼핑이 어우러진 거리 중 하나다. 가로수길 골목 안쪽, 한쪽 벽면을 가득 채운 LP컬렉션과 빈티지 라디오가 시선을 사로잡는 뮤즈온. 2012년에 오픈해 오랜 시간 한 자리를 지키며 서울의 대표적인 LP바로 자리 잡았다.

아날로그 음악 감성과 빈티지한 분위기를 동시에 즐길 수 있어 음악을 애호가들 사이에는 이미 잘 알려진 공간이다. 테이블마다 신청곡을 적을 수 있게 메모지와 펜이 비치되어 있고 원하는 곡을 DJ에게 전달하며 보유한 음반이라면 LP로 음악을 들을 수 있다. 은은한 조명과 아늑한 인테리어 무엇보다 뮤즈온의 시그니처로 풍경과도 같은 한쪽 벽을 꽉 채운 빈티지 컬렉션은 언제 들려도 편안함을 느끼게 한다.

✎ W NOTE

12년부터 가로수길 골목 한자리를 지켜온 서울의 대표 LP바로, 한쪽 벽면을 가득 채운 LP 컬렉션과 빈티지 라디오로 완성한 인테리어 덕분에 언제 들러도 편안함이 느껴지는 곳이다. 음악 애호가들 사이에서 이미 잘 알려진 가로수길의 아날로그 성지다.

Mix & Technology
믹솔로지
서울시 강남구 도산대로 58길 18 지하 1층
0507-1401-8216
19:00~02:00
themixology

도산대로에 자리잡고 있는 믹솔로지는 Mix(섞다)와 Technology(기술)가 결합된 신조어를 바이름으로 사용하고 있다. 이름에서 알 수 있듯 여러 종류의 술과 음료를 경험할 수 있는 곳으로 칵테일 마니아들이 꾸준히 찾아오는 곳이다. 단순히 술을 마시는 바가 아닌, 한 잔의 예술을 마실 수 있는 공간으로 감각적이고 실험적인 레시피가 돋보인다.

칵테일의 완성도와 서비스 수준이 높은 편이고 실내는 고급스럽고 어두운 편이라 믹솔로지만의 감성을 즐기기 좋은 분위기를 완성했다. 믹솔로지에서 선보이고 있는 다양한 칵테일을 즐기며 나만의 취향을 찾아보는 것도 좋다.

⚲ W NOTE

도산대로에 자리한 칵테일 전문 바로, 감각적이고 실험적인 레시피와 높은 서비스 수준이 강점이다. 고급스럽고 어두운 분위기 속에서 다양한 칵테일을 즐기며 나만의 취향을 찾아가는 재미가 있다. 한 잔의 예술을 경험하고 싶은 칵테일 마니아라면 반드시 찾아야 할 곳이다.

서울시 강남구 도산대로 55길 45 지하 1층
☎ 0507-1496-4995
🕐 19:00~02:00
⬜ kiez_seoul

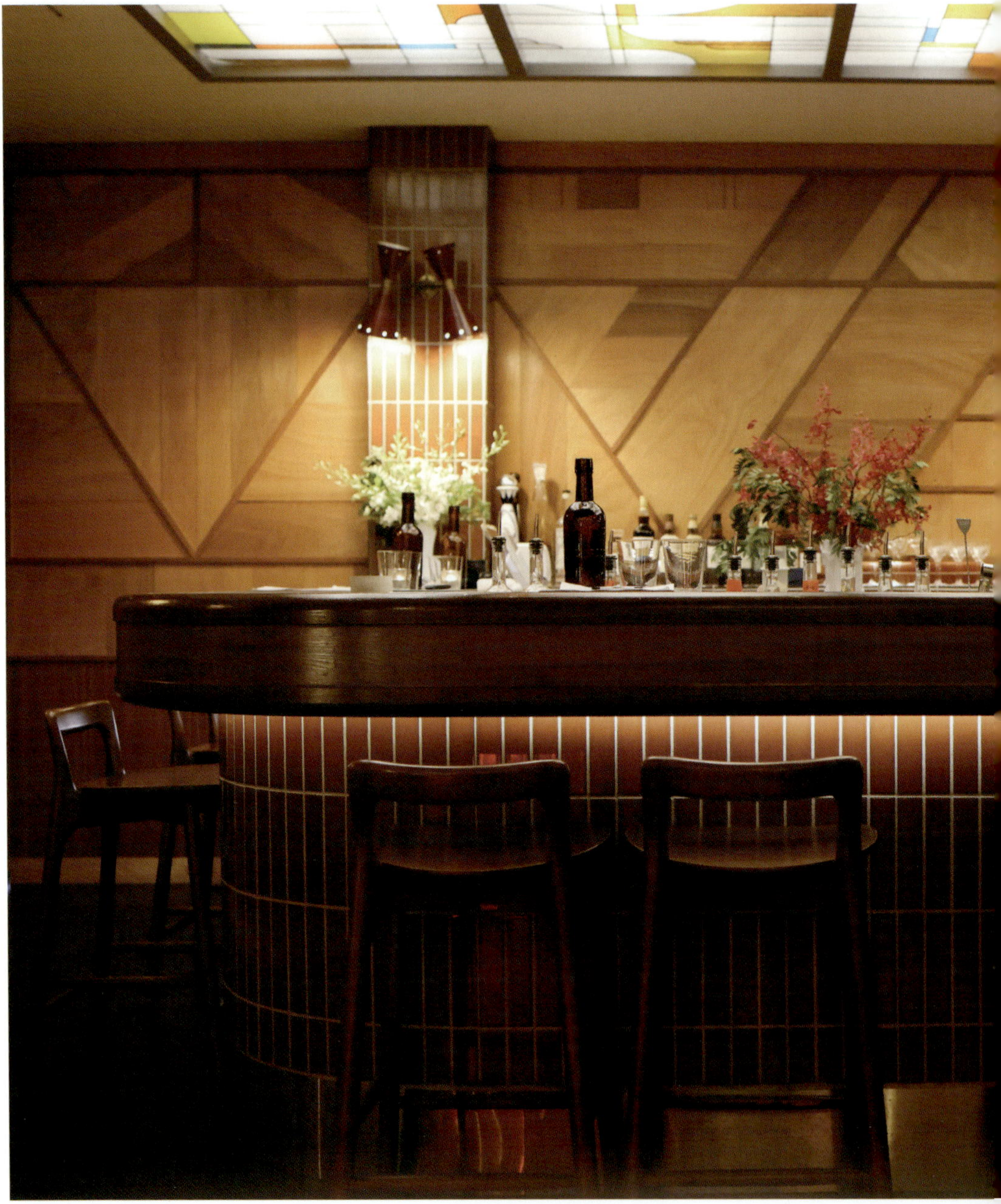

청담동 골목 사이, 조용히 문을 연 신상 바인 BAR KIEZ는 도심 속 이국적 감성을 담고 있는 모던한 칵테일을 판매하고 있다. 베를린의 키즈(Kiez 동네)에서 이름을 따온 만큼 격식보다 편안함을 중시하며 누구나 부담 없이 즐길 수 있는 분위기가 매력적이다. 인더스트리얼 무드로 음악과 대화가 자연스레 섞일 수 있는 분위기를 연출했고 클래식부터 창의적인 시그니처 칵테일까지 모두 준비되어 있다.

과일 향과 허브를 섬세하게 다루는 바텐더의 감각이 돋보이고 시즌마다 달라지는 '바 키즈 스페셜' 메뉴는 새로운 취향을 찾는 이들에게 인기가 높다. 한 잔의 위로가 필요할 때 도심의 밤을 조용하고 편안하게 즐길 수 있는 바 키즈를 추천한다.

✎ W NOTE

청담동 골목에 조용히 문을 연 베를린 감성의 모던 칵테일 바다. 인더스트리얼 무드와 편안한 분위기 속에서 시즌마다 바뀌는 스페셜 메뉴와 섬세한 시그니처 칵테일을 즐길 수 있다. 격식 없이 편안하게 도심의 밤을 즐기고 싶을 때 추천한다.

감각적인 오브제로 완성한 몽환
버드맨

서울시 강남구 가로수길 55-4 지하1층
☎ 010-4255-0738
🕐 19:00~03:00 (금, 토 04:00까지)
birdman.seoul

가로수길의 지하 1층에 자리잡고 있는 스피크이지 바인 버드맨은 제주 싱싱잇과 압구정 식스나잇을 운영하는 NNC가 만든 세 번째 공간이다. 새 모양 대문을 열고 들어가면 숨겨진 공간에 비밀스럽고도 신비한 인테리어가 펼쳐진다. 동양적이면서도 몽환적인 분위기가 이색적이고 벽면의 중국풍 그림과 곳곳에 배치된 새장 장식이 버드맨이라는 이름과 잘 어울린다.

은은한 조명과 조용한 음악이 흐르는 로맨틱한 공간으로 곳곳에서 감각적인 디테일을 발견할 수 있는 가로수길의 숨은 보석과 같은 곳이다. 오랜 기간 해외에서 수집해온 오브제들을 구경하는 재미와 우드한 오리엔탈 향기도 버드맨의 매력을 더한다.

✎ W NOTE

새 모양 대문을 열고 들어서면 동양적이면서도 몽환적인 분위기가 펼쳐지는 가로수길 지하에 있다. 중국풍 벽화와 새장 장식, 오랜 시간 해외에서 수집한 오브제들이 곳곳에 배치되어 구경하는 재미가 있다.

중세 영화를 닮은 풍경

버틀러 후카바

서울시 강남구 논현로151길 41 1층
☎ 0507-1325-9587
🕐 19:00~02:00
ⓘ butler_bar

프리미엄 위스키와 칵테일을 중심으로 판매하고 있는 고급스러운 분위기의 버틀러 후카바. 조명과 인테리어 소품은 모두 느림과 여유가 느껴지도록 디자인되어 있고 로맨틱하고 세련된 분위기가 돋보이는 공간이다. 시그니처 칵테일 중 하나인 '오하라'는 럼 베이스에 딸기의 달콤함과 장미 향이 어우러져 부담 없이 즐기기 좋고 영화 <바람과 함께 사라지다>를 모티브로 한 칵테일들이 소개되어 있다.

유럽풍 콜로니얼 스타일로 고풍스럽고 분위기 있는 곳으로 싱글몰트 마니아나 위스키 입문자 모두에게 매력적인 선택지다. 위스키의 풍미를 살려주는 담백하고 가벼운 안주도 준비되어 있다.

W NOTE

유럽풍 콜로니얼 스타일의 고급스러운 분위기 속에서 프리미엄 위스키와 감각적인 칵테일을 즐길 수 있는 바다. 영화 <바람과 함께 사라지다>를 모티브로 한 칵테일과 럼 베이스 시그니처 '오하라'가 인상적이다.

앨리스 청담

서울시 강남구 도산대로55길 47 지하 1층
☎ 02-511-8420
🕐 18:00~02:00 (금, 토 03:00까지)
📷 alice_cheongdam

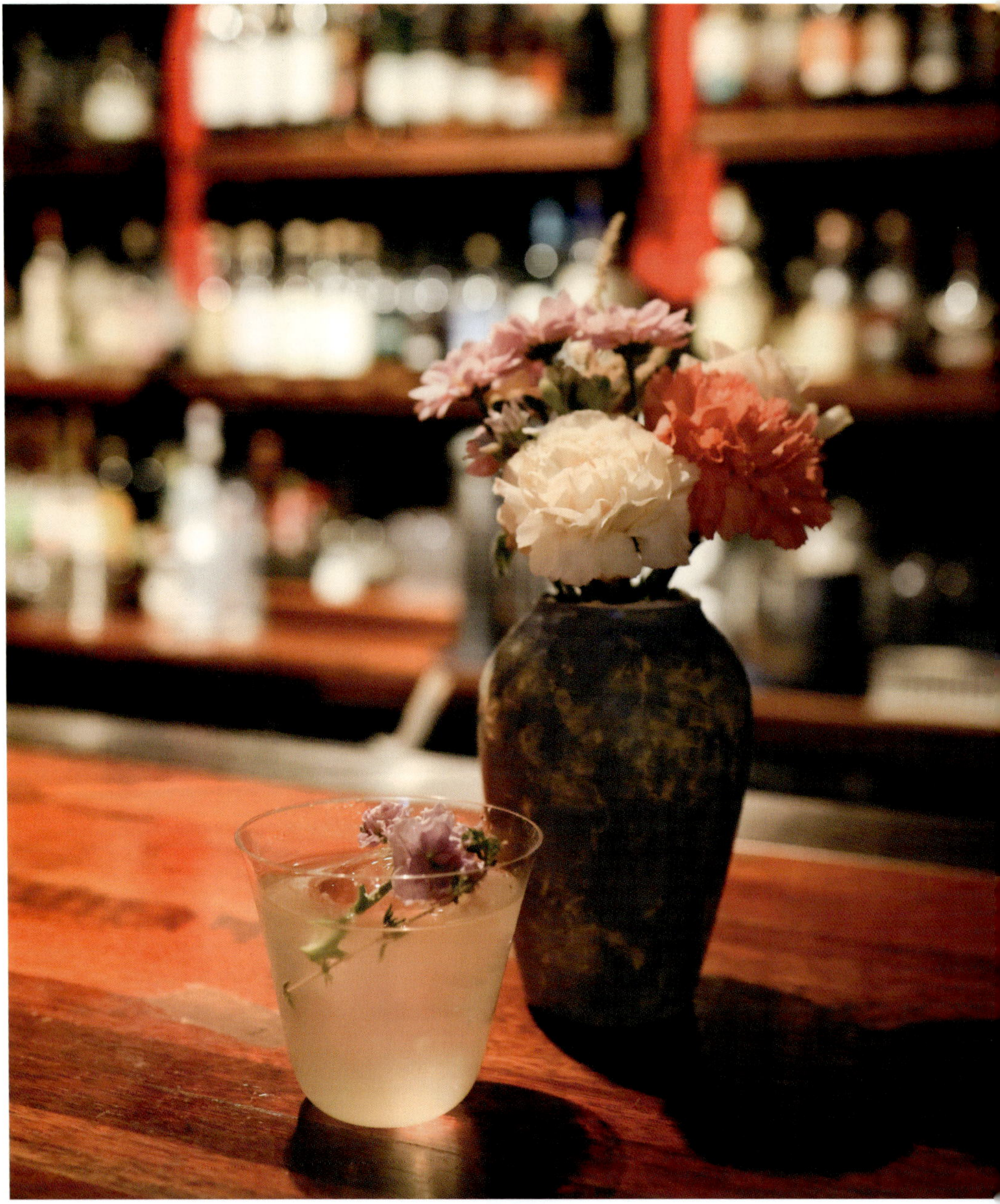

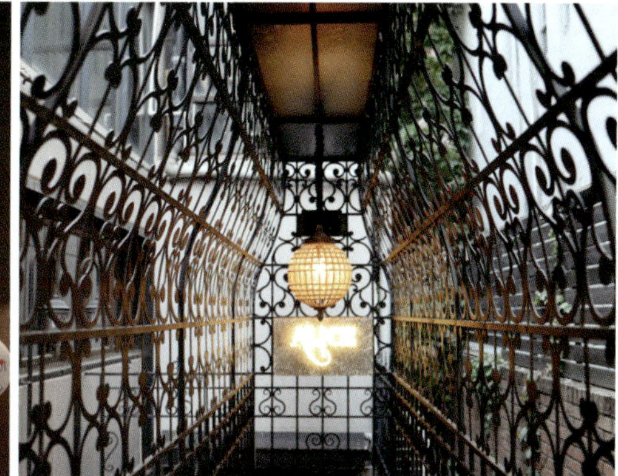

국내 최고 바텐더로 선정될 만큼 업계에서 유명 인사인 김용주 바텐더가 운영하는 앨리스 청담. 앨리스가 흰토끼를 따라 들어간 원더랜드 같은 공간을 만들고자 '앨리스 청담'이라는 이름을 붙였다. 세계적 명소로 만들겠다는 포부로 앨리스 청담을 오픈한 이후 외국인과 대화할 수 있는 직원들을 채용해 외국인 고객들의 마음을 사로잡았다.

외국인은 물론 누구나 방문해도 편안하게 즐길 수 있도록 고객들의 니즈에 맞는 새로운 칵테일을 꾸준히 선보이고 있다. '아시아 베스트 바 톱 50'에 선정되며 세계적으로 인정받은 앨리스 청담. 깊은 골목 안쪽 토끼 문을 지나야 만날 수 있는 비밀스러운 공간으로 영국 저택 스타일의 고급스러운 라운지 분위기가 인상적이다. 퍼포먼스와 스토리텔링이 담긴 칵테일이 생각나는 날과 잘 어울리는 공간이다.

＼ W NOTE

깊은 골목 안쪽 토끼 문을 지나야 만날 수 있는 비밀스러운 입구부터 원더랜드 콘셉트가 시작된다. 영국 저택 스타일의 고급스러운 라운지 분위기 속에서 퍼포먼스와 스토리텔링이 담긴 감각적인 칵테일을 즐길 수 있다. 아시아 베스트 바 톱 50에 선정된 서울의 자랑스러운 명소다.

장생건강원

서울시 강남구 강남대로124길 23
☎ 0507-1369-1077
🕐 19:00~04:00
bar_jangsaeng

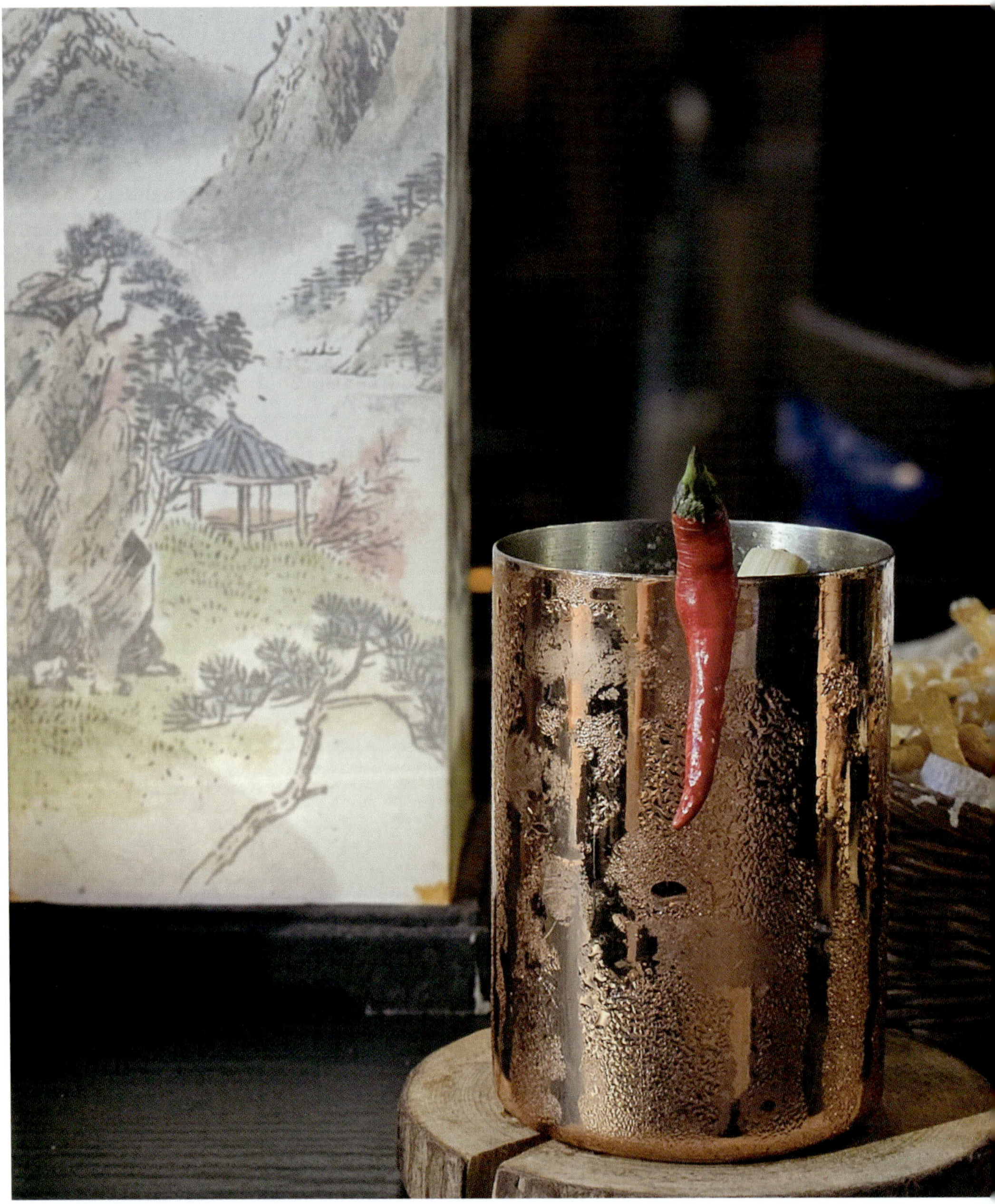

건강한 칵테일을 만드는 바, 장생건강원. 논현동 먹자골목 인근 영동전통시장에 위치한 이곳은 실제로 장생건강원이라는 이름으로 운영되던 전통 한약방 매장을 그대로 물려받아 건강원 콘셉트를 그대로 이끌어가는 흥미로운 곳이다. 장생건강원의 운영 노하우를 이어 헛개수부터 직접 끓인 물이 제공되며 모든 음료에 건강한 맛을 표현하고자 노력하고 있다.

시장 상인들과 상생을 목적으로 만들어진 곳으로 국가대표 바텐더와 대한민국 전통주 홍보대사라는 타이틀을 가진 바텐더가 일하고 있다. 직접 시장 상인들과 소통하고 호흡하며 칵테일을 만들고 인근 골목 상권의 생기를 불어 넣는 역할도 담당하고 있어 더욱 의미가 있다. 허브, 과일, 채소 등 신선한 시장 재료로 만든 칵테일을 판매하고 있으며 인삼, 도라지, 깻잎 등 한약재와 전통 재료 기반의 창의적인 칵테일도 흥미롭다.

➤ W NOTE

실제 한약방을 그대로 물려받아 건강원 콘셉트를 이어가는 논현동 영동전통시장의 이색적인 칵테일 바다. 국가대표 바텐더와 전통주 홍보대사가 시장 상인들과 직접 소통하며 만들어내는 칵테일이라 더욱 의미 있다.

서울시 강남구 도산대로55길 26 하늘빌딩 1층
010-3177-8801
18:30~02:00 (토, 일 15:00 오픈)
zest.seoul

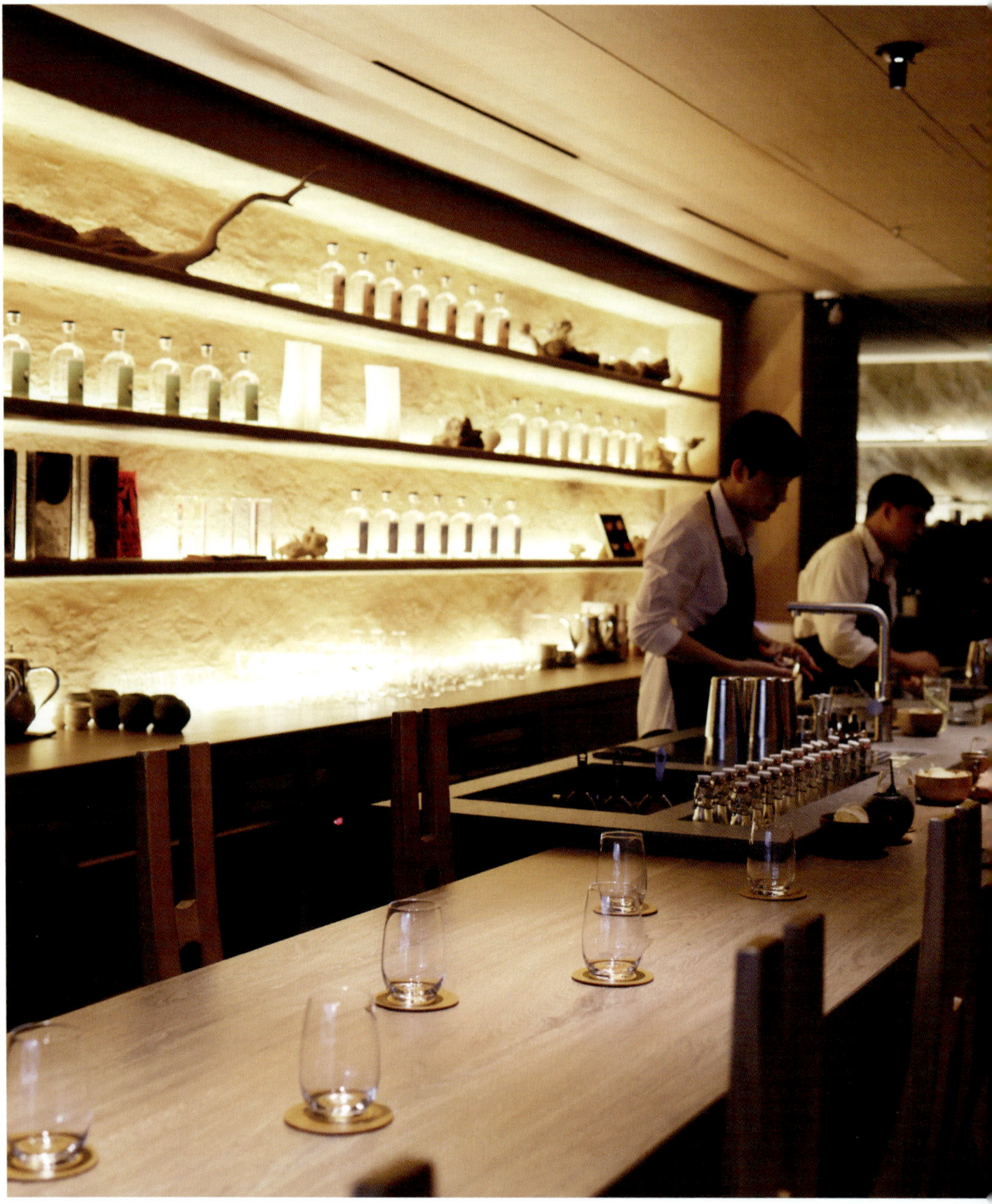

미니멀하고 모던한 실험실 같은 인테리어가 돋보이는 제스트는 마치 미술품이 전시된 형태로 설계된 바가 독특한 분위기를 자아낸다. 지속가능성을 중심으로 운영되고 있는 제스트는 남은 과일 껍질을 재증류하여 자체 진을 만들거나 폐기 재료를 업사이클해 칵테일에 재활용한다. 모든 재료와 유리잔, 유니폼까지 환경과 지역사회에 대한 생각이 담겨 있어 단순한 술자리가 아닌 경험 중심의 공간으로 알려져 있다.

다만 인기가 많은 곳이라서 방문 시 대기 가능성이 높다. 제주 한라봉 감귤과 구좌마을 당근을 활용해 만든 칵테일과 자체 제작한 진과 토닉 워터를 활용한 칵테일 등 제스트만의 감성을 담은 한 잔의 풍미를 오롯이 느껴볼 수 있다.

✎ W NOTE

아시아 바 랭킹 2위에 빛나는 모던 칵테일 바로, 지속가능성을 철학으로 삼아 폐기 재료를 업사이클한 자체 진과 창의적인 칵테일을 선보인다. 국내 식재료를 활용한 메뉴가 이곳만의 개성을 완성한다. 인기가 높아 대기가 생길 수 있으니 방문 전 미리 확인할 것.

크리켓 서울

서울시 강남구 언주로164길 35-6 1층
☎ 0507-1467-2557
🕐 19:00~02:00
📷 cricket.seoul

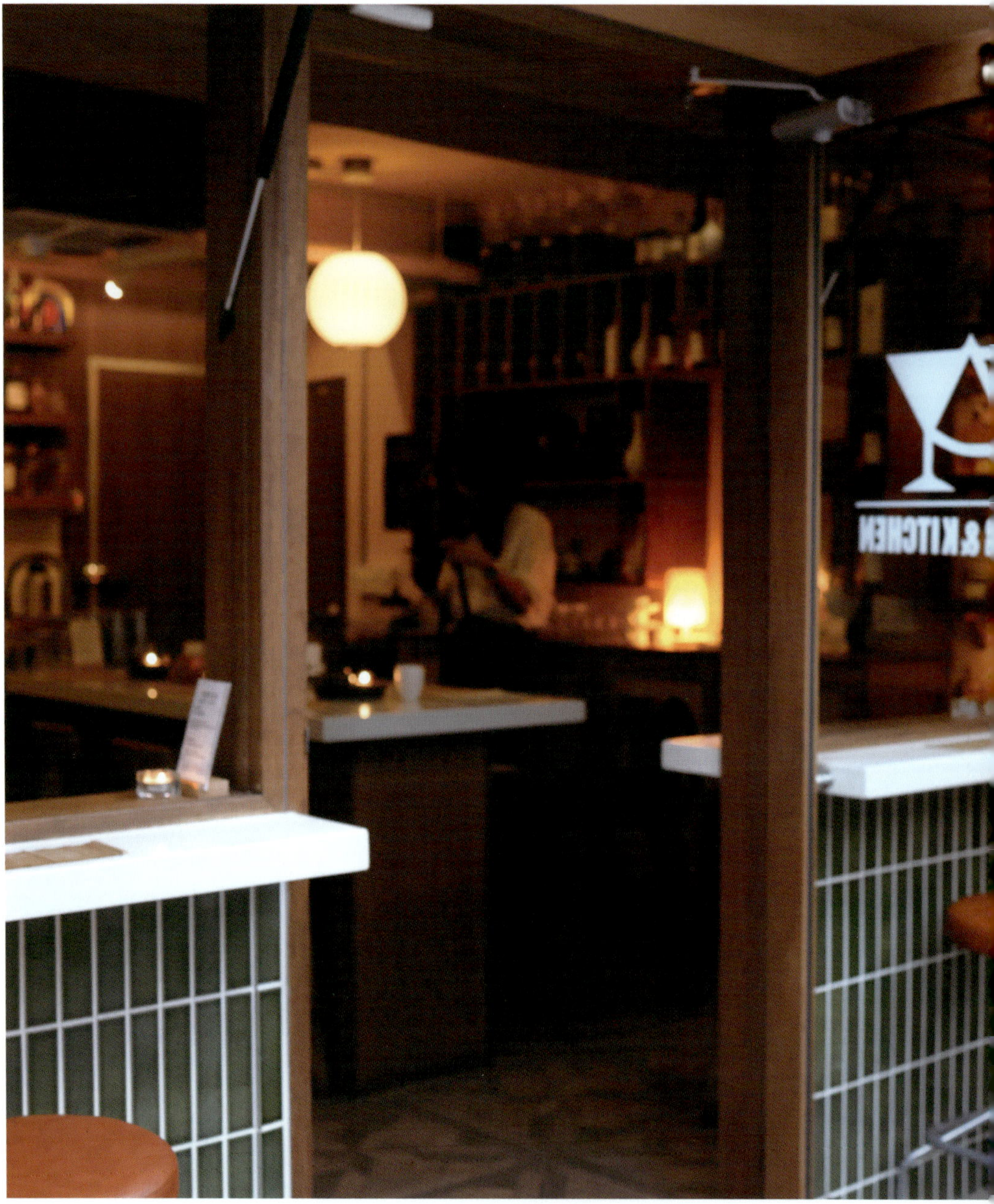

강남구 언주로에 위치한 크리켓 서울은 전통주와 지역 식재료를 현대적 감각으로 재해석한 칵테일 바이다. 지역 식재료를 사용하기 때문에 계절성을 강조하고 있으며 자연감과 스토리텔링에 무게 중심을 두고 운영하고 있다. 아늑한 인테리어와 조명이 편안함을 전해준다.

한국의 다양한 문화와 식재료에 영감을 받아 만든 시그니처 칵테일과 다양한 전통주 세 잔을 테스팅 해볼 수 있는 잔술 꾸러미가 입문자들에게 추천할 만하다. 차돌박이와 환상의 조합을 자랑하는 된장찌개와 크림이 어우러진 된장 차돌박이 크림 파스타와 도토리묵 라볶이 등 신선하면서도 새로운 감각의 안주류도 이색적이다.

✎ W NOTE

계절 식재료와 스토리텔링을 담은 시그니처 칵테일이 강점이다. 전통주 세 잔을 테스팅하는 잔술 꾸러미부터 된장 차돌박이 크림 파스타 등 이색 안주까지 한국적 개성이 가득하다. 전통주 입문자부터 애호가까지 모두 만족할 수 있는 독창적인 공간이다.

차(茶)를 베이스로 한 칵테일과 프리미엄 위스키의 공존

티앤프루프

서울시 강남구 양재천로 181
02-577-0515
17:00~02:00 (요일별 다름)
tea_and_proof

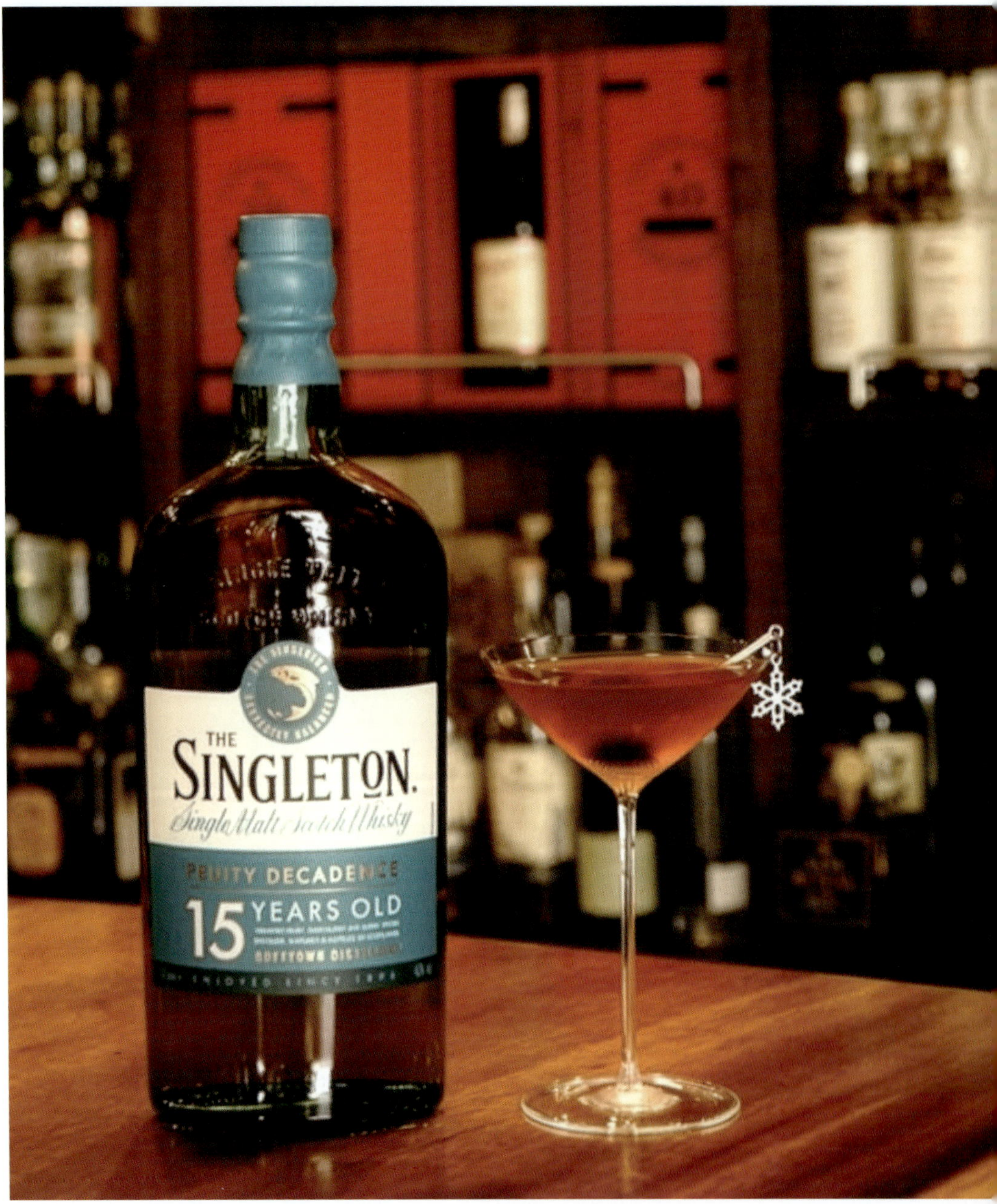

차 문화의 깊이와 바텐딩의 예술성을 결합해 현재적인 음료 경험을 제공하고 있는 티앤프루프. 감각적인 공간과 독창적인 메뉴 구성으로 차 문화에 새로운 해석을 더하며 젊은 층과 미식가들에게 주목받고 있다.

주요 메뉴는 싱글 오리진 티, 하우스 블렌드 티와 티 기반의 칵테일 등으로 구성되어 있으며 각 음료를 계절마다 재해석한다. 바텐더와 티 소믈리에가 협업해 풍미와 시각적 미학을 모두 담아냈다. 단순한 음료 제공을 넘어 티 페어링과 티 칵테일이라는 새로운 미식 트렌드를 선도하며 국내 바 문화의 다변화에 기여하고 있는 공간이다. 차잎을 인퓨징하거나 특색 있는 재료를 활용한 커스텀 칵테일을 비롯해 티앤프루프만의 무드를 느낄 수 있는 다양한 음료를 즐길 수 있다.

✎ W NOTE

바텐더와 티 소믈리에가 협업해 차 문화와 바텐딩 예술성을 결합한 독창적인 티 칵테일을 선보이는 곳이다. 티 페어링과 티 칵테일이라는 새로운 미식 트렌드를 선도하는 국내 바 문화의 새로운 지평이다.

파인앤코
선릉로157길
33
ASIA'S
50

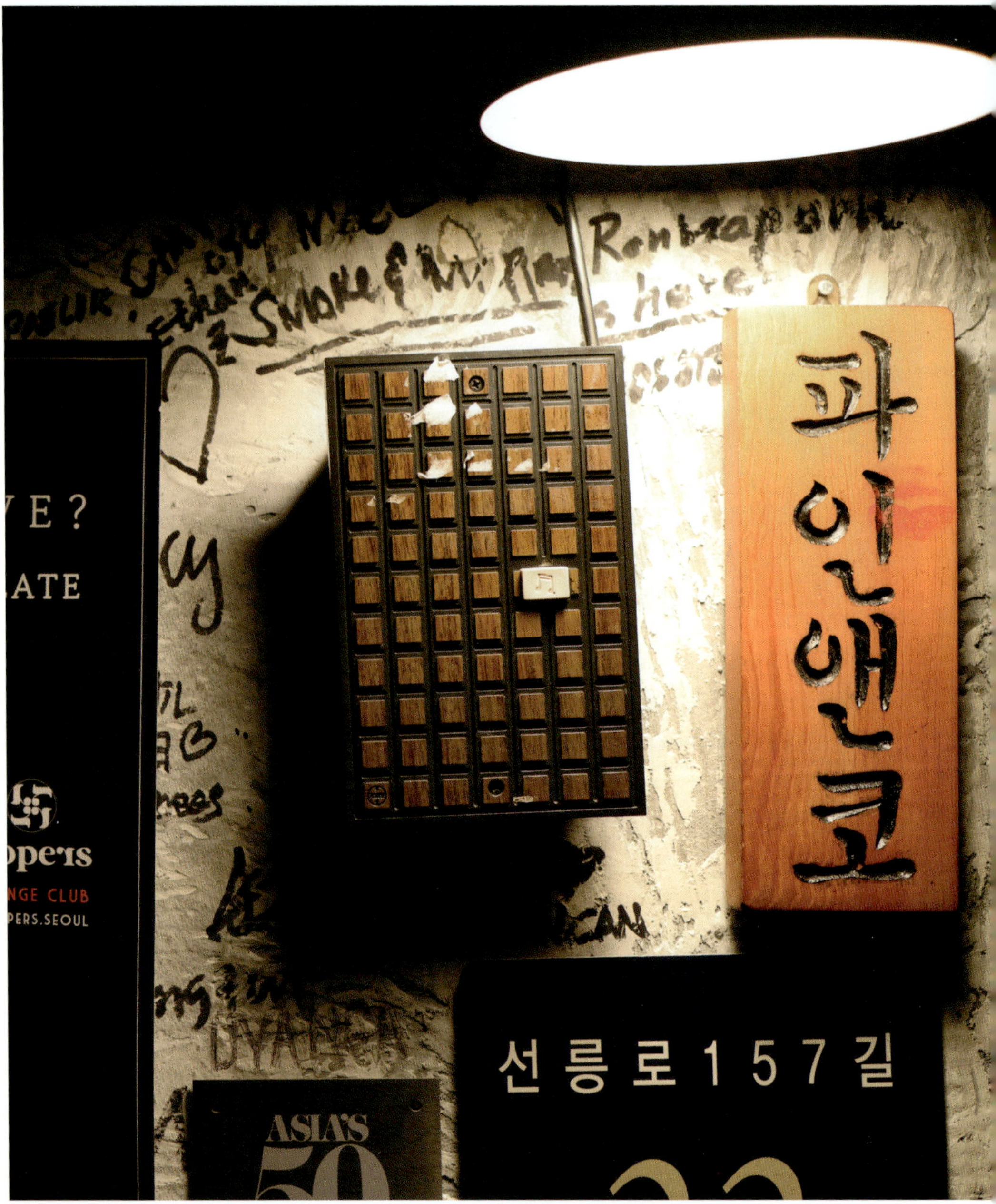

파인앤코는 비교적 신생 바에 속하지만 이미 많은 이들에게 인정받고 있는 스피크이지 바로 아시아 바 랭킹 리스트에 진입하며 업계 내에서도 탄탄한 인지도를 자랑하고 있다. 바텐더와 레시피 구성 등의 실력이 높다는 평가를 받고 있으며 시그니처 칵테일 하나하나에 디테일이 높다. 입구부터 내부까지 숨은 공간이 주는 감각을 살려 방문하는 경험 자체가 인상적인 공간이다.

누룩, 김치, 할망 등 한국 식문화 키워드가 레시피와 재료로 등장한다. 특히 김치 칵테일은 화이트 김치에서 얻은 영감에서 시작되어 데킬라 기반에 고구마 폼을 얹어 김치의 산미와 단맛의 조합을 완성했다. 그 외에도 지역 카페의 커피 찌꺼기를 재활용하거나 전통 발효종 누룩을 활용한 누룩 하이볼 등이 파인앤코의 끝없는 도전을 보여준다.

✒ W NOTE

혼자만의 시간이 더욱 소중해지는 순간

혼

서울시 강남구 논현로 12길3-12 1층
☎ 0507-1328-3874
🕐 19:00~01:00 (화요일 휴무)
bar.hone

모던 미니멀 인테리어로 조성되어 단체보다는 1인 또는 2인 방문에 최적화되어 있는 혼 바. 바 좌석이 중심이라 바텐더와의 대화도 자연스럽지만 혼자 술잔을 기울이기에 더없이 좋은 공간이다. 싱글 몰트를 큐브 아이스잔에 담아 하이볼 스타일로 즐길 수도 있고 무화과, 감, 사과 등 제철 과일을 활용한 칵테일을 주문할 수도 있다. 이렇게 기분과 날씨, 취향에 딱 맞는 맞춤형 칵테일의 매력을 느끼고 싶을 때 찾고 싶은 곳이다.

와규 육포와 살짝 구운 견과류는 위스키나 진 베이스의 칵테일과 조화를 이룬다. 도심 속 혼술 성지로 알려진 혼바의 매력에 빠지면 혼자만의 시간이 더없이 소중하게 느껴진다. 혼술을 위한 공간으로 자리 잡은 이곳은 바 테이블 앞에 앉아 일상과 잠시 거리를 두고 여유를 찾고 싶은 날 추천하고 싶은 곳이다.

W NOTE

혼자여도 전혀 어색하지 않은, 오히려 혼자라서 더 좋은 바. 계절과 기분에 맞춰 완성되는 맞춤형 칵테일이 조용히 오감을 채운다. 도심 속에서 온전히 나에게 집중하고 싶은 날, 자연스럽게 떠오르는 곳.

화이트와인개러지

서울시 강남구 삼성로149길 7 지하 1층 ☎ 02-540-7560 🕐 17:00~24:00 (일요일 휴무) 📷 wwg_white_wine_garage

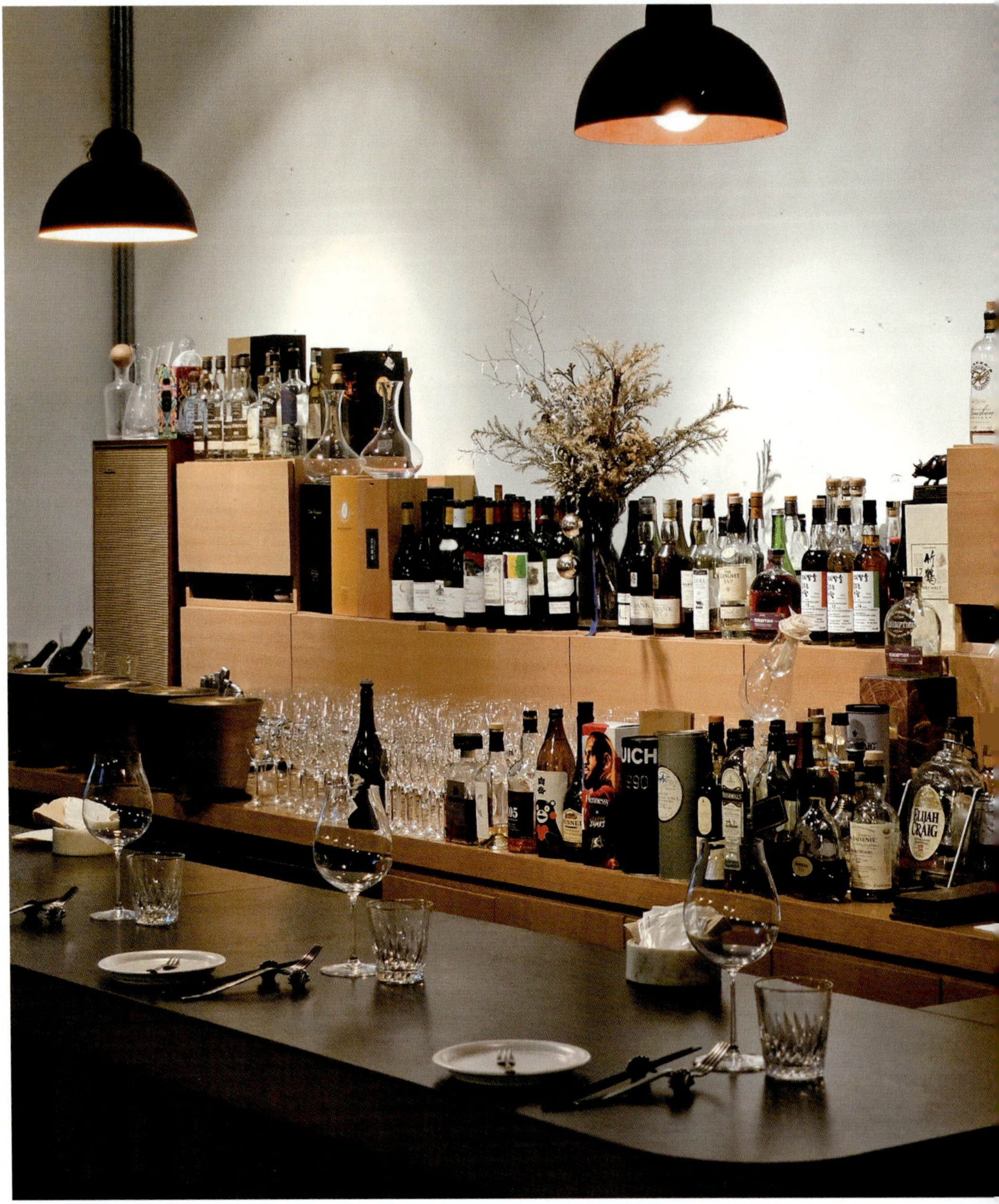

화이트와인개러지는 이름 그대로 와인을 중심으로 한 아늑하고 스타일리시한 와인 바이다. 높은 층 고의 편안한 공간에 모던하면서도 따뜻한 분위기로 꾸며져 있으며, 홀에 길게 놓여 있는 세련된 원목 테이블에 마치 홈파티를 즐기듯 손님들이 하나 둘 채워진다. 화이트와인을 비롯해 레드, 내추럴와인까지 폭넓게 준비되어 있고, 제철 식재료를 이용한 음식이 다양하게 구성되어 있는

데 특히 세비체와 수제 뇨끼, 닭다리 요리 등 고급스럽지만 부담 없는 조합이 눈에 띈다.

단골들 사이에서 '숨겨진 스피크이지 바', '숨겨진 와인 다이닝' 이라는 수식어가 붙을 만큼 청담의 세련된 건물 지하 공간에 작은 간판 하나를 달고 있어 한 번에 찾기 쉽지 않지만, 과하지 않은 편안함이 있어 와인과 함께 대화를 즐기기에 이상적이다.

✎ W NOTE

숨겨진 지하 공간에서 펼쳐지는 따뜻하고 세련된 와인 다이닝. 긴 테이블 위에 흐르는 대화와 와인, 그리고 완성도 높은 음식의 조화가 인상적이다. 알아야만 찾아갈 수 있기에 더 매력적인 '나만 알고 싶은 와인바'.

WHISKY & WINE BAR
GUIDEBOOK

SEOUL

서남권

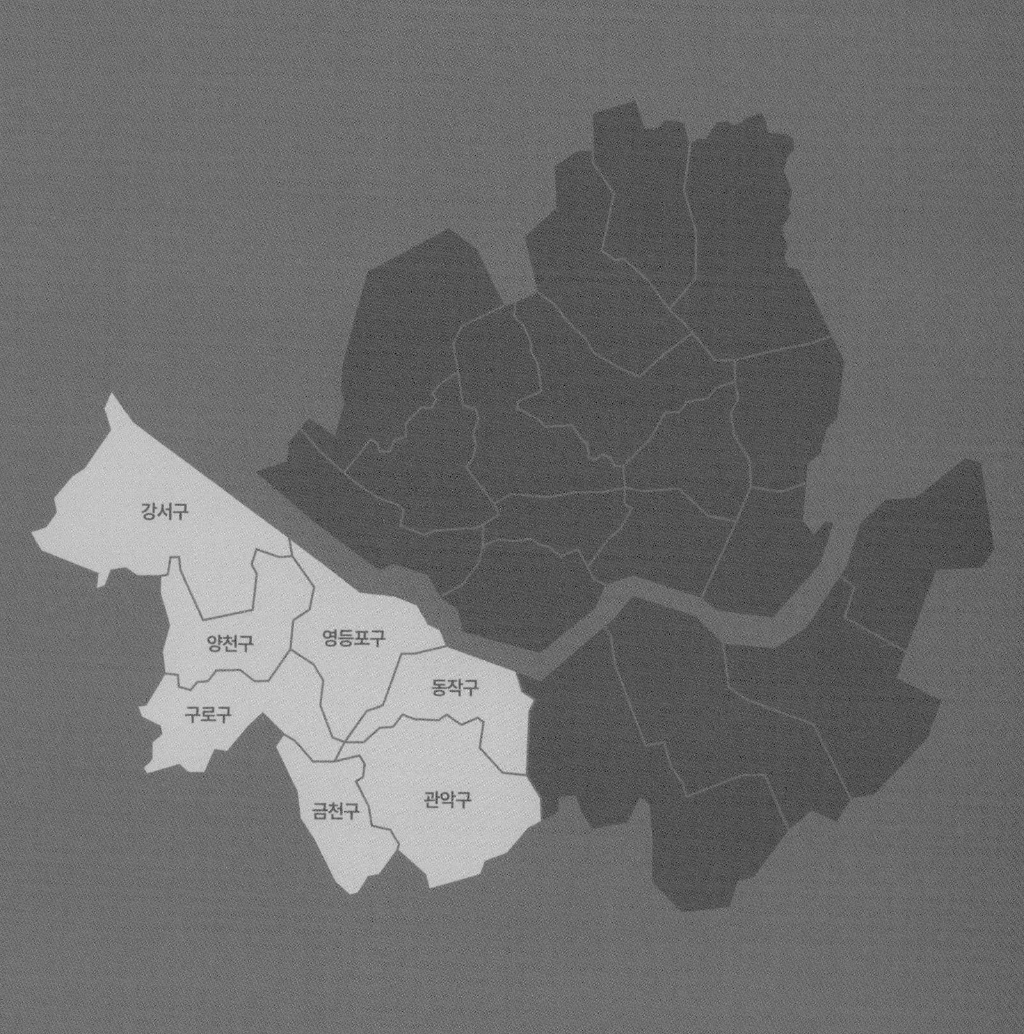

강서구
양천구
영등포구
동작구
구로구
금천구
관악구

익숙함 속에 스민 낯섦

낯선한식븟다

- 서울시 동작구 사당로30길 28 1층
- 0507-1370-5261
- 17:00~24:00 (일요일 휴무)
- beutda

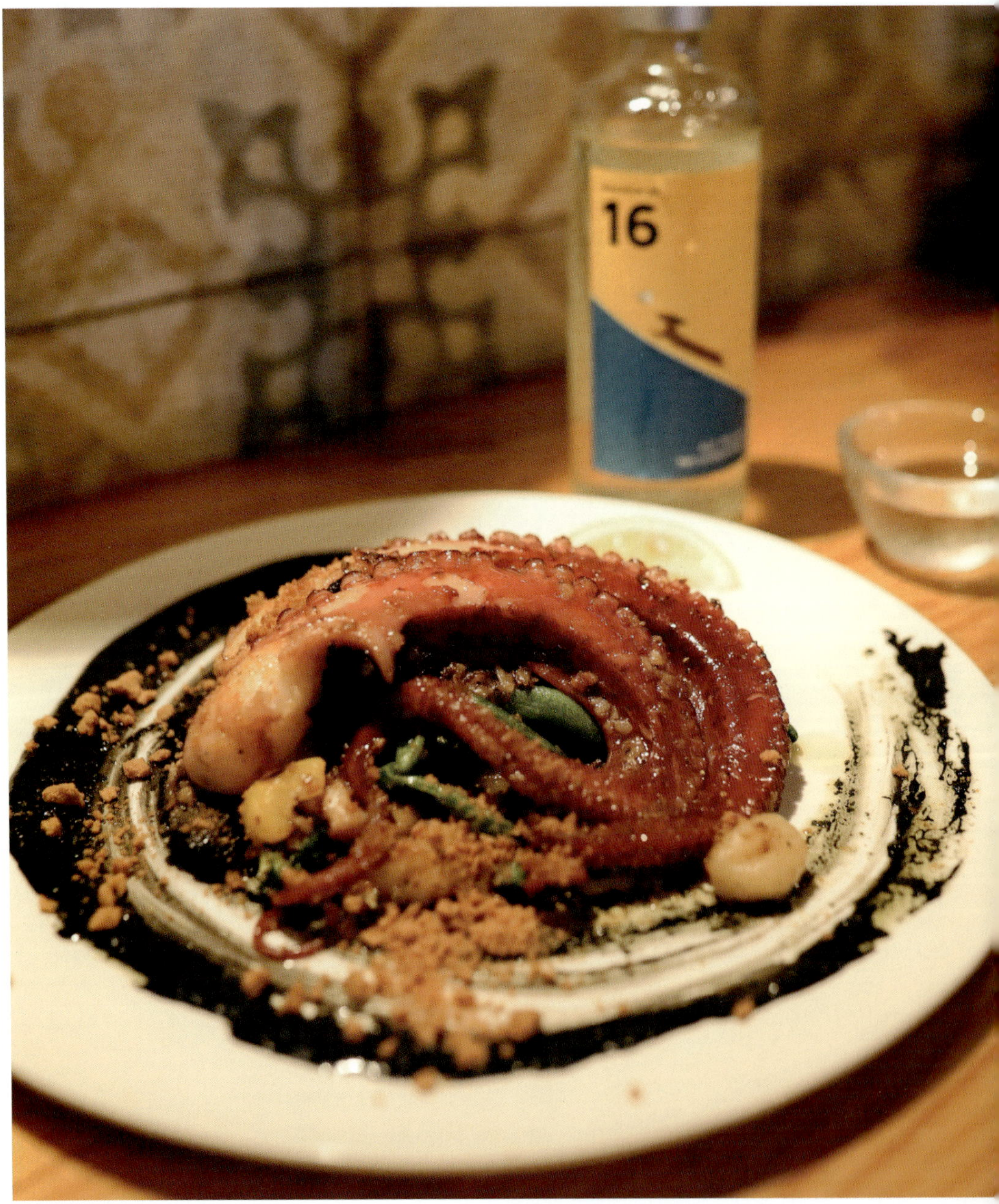

이수역과 사당역 사이 골목에 숨겨진 감각적인 한식주점. 전통주와 한식의 경계를 허물며 색다른 전통주의 세계를 선사한다. 모던한 인테리어와 다양한 전통주 라인업이 호기심을 자극하고 문어 뽈뽀와 꽃도리탕과 같이 감각적으로 재해석된 요리들이 미각을 자극한다.

특히 '180여 가지 전통주'라는 슬로건답게 평범한 막걸리부터 입문용 과실탁주까지 준비되어 있어 전통주에 입문하기도 좋은 곳이다. 편안하면서도 세련된 분위기에서 한식을 즐기며 '익숙하지 않은' 새로운 조합과 스타일로 기억에 남는 시간을 보내고 싶다면 낯선한식붓다를 추천한다.

W NOTE

전통주와 한식의 경계를 모던하게 재해석한 새로운 스타일의 공간. 180여 가지 전통주와 모던하게 재해석한 한식의 만남이 인상적이다. 문어 뽈뽀, 꽃도리탕 등 감각적인 안주가 전통주 한 잔의 기대를 넘어서며 미각을 자극한다. 언제 방문해도 기억에 남는 밤을 선사하는 곳.

서울시 영등포구 영신로 219
코오롱스타폴리스 1층 101호
☎ 02-2675-6825
🕐 14:00~23:00 (일요일 휴무)
📷 notenrest_official

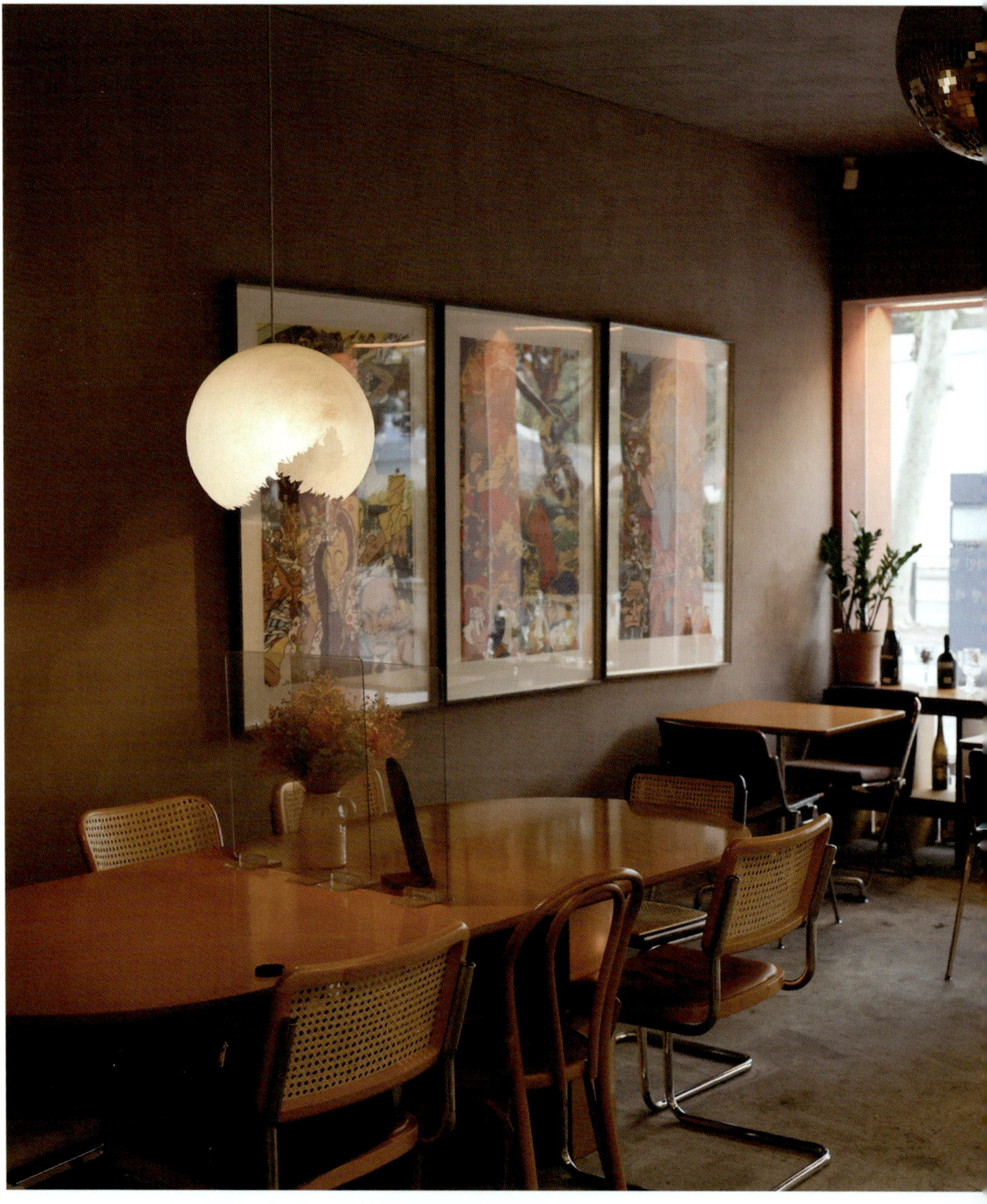

노트앤레스트는 와인을 사고, 마시고, 배우는 즐거움이 공존하는 편집 매장 겸 바다. 구매한 와인을 바로 즐길 수도 있고, 직접 가져온 음식과의 페어링도 가능하다. 특히 다양한 와인을 경험해 보고 싶을 때 방문하면 더욱 좋은 곳이다.

와인 한 모금, 와인 지식 한 모금. 메뉴별 추천 와인으로 취향을 찾아가는 재미가 있고, 젊은 대표의 따뜻한 대화가 공간의 온도를 높인다. 멤버십 고객에게는 1년간 최대 50% 할인 혜택이 제공되며, 모임이나 가벼운 한 잔 모두 어울리는, 일상 속 와인 성지다.

✎ W NOTE

와인을 사고, 배우고, 마시는 경험이 한 공간에서 완성된다. 메뉴별 추천 와인으로 취향을 찾아가는 재미와 젊은 대표의 따뜻한 대화가 공간의 온도를 높인다. 가볍게 들렀다가 와인을 더 깊이 알고 싶어 지는 일상 속 와인 성지다.

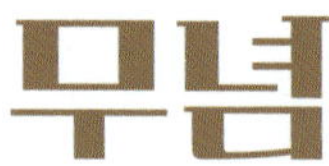

문래에서의 생각을 비우는 한잔의 위로

무념

📍 서울시 영등포구 도림로139길 21 1층
☎ 0507-1311-8767
🕐 17:00~01:00 (요일별 다름)
📷 mindless.highball

문래의 골목 끝, 마음을 비우고 한 잔에 집중할 수 있는 바 '무념'. 젊은 바텐더와 셰프가 이끄는 이곳은 술과 요리에 진심인 사람들의 아지트다. 짠 하이볼은 바다의 짠내와 낭만을 담은 시그니처 메뉴로, 취향에 따라 조율되는 칵테일과 위스키 한 잔이 하루의 피로를 녹여준다. 감각적인 음악과 따뜻한 조명, 그리고 세심한 추천이 어우러진 이곳은 혼술에도, 대화에도 어울리는 조용한 위로의 공간이다. 문래동 무념에서는 복잡한 생각을 잠시 내려놓고 오롯이 한 잔에 집중할 수 있는 분위기가 준비되어 있다.

✎ W NOTE

복잡한 하루 끝, 아무 생각 없이 한 잔에 집중할 수 있는 공간. 감각적인 음악과 취향에 맞게 조율되는 칵테일과 위스키가 하루의 피로를 녹여준다. 혼술도, 대화도 자연스럽게 스며드는 문래의 아지트.

무정형

📍 서울시 영등포구 도림로139길 6 1층
☎ 070-4203-4430
🕐 18:00~02:00 (일요일 휴무)
📷 shapeless.off

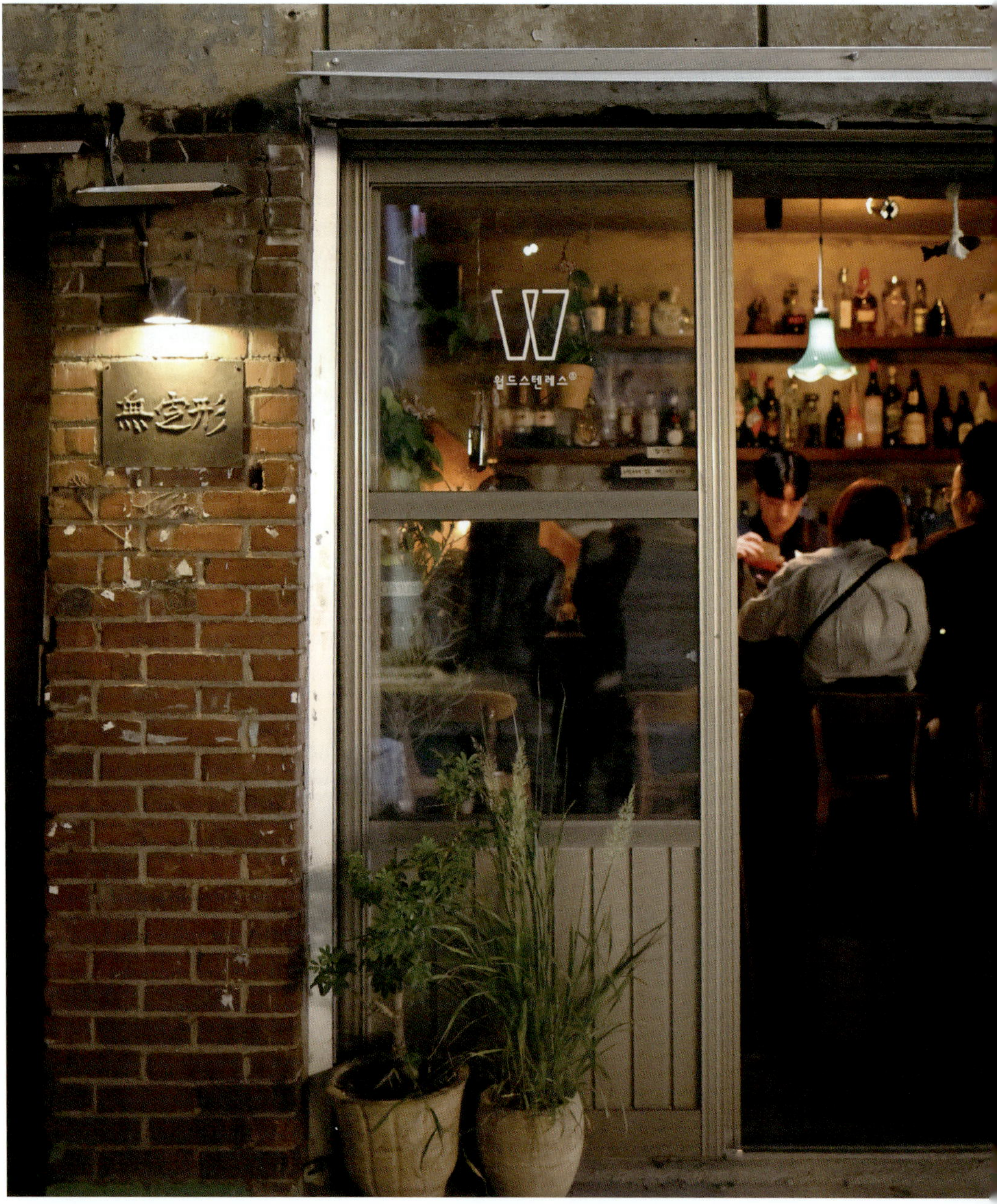

문래동의 '무정형'은 취향을 세심히 읽어내는 바텐더의 손끝에서 완성되는 맞춤형 칵테일로 유명하다. 맛과 향, 도수까지 섬세하게 조율된 한 잔이 싱글몰트 위스키와 함께 어우러지며 완벽한 균형을 만든다.

도쿄의 푸글렌을 떠올리게 하는 감각적인 공간,

계절마다 바뀌는 시그니처 칵테일, 그리고 좋은 음악과 대화가 머무는 분위기. 겨울엔 따뜻하고 여름엔 시원한 이곳은, 문래동을 대표하는 단 하나의 바라 불릴 만하다. 좋은 술과 좋은 사람, 그리고 나만의 한 잔이 어우러지는 곳 무정형이다.

✎ W NOTE

바텐더의 감각으로 완성되는 '나만의 한 잔'을 경험할 수 있는 곳. 계절마다 바뀌는 칵테일과 음악, 공간이 완벽한 균형을 이룬다. 취향을 제대로 이해 받고 싶은 날 찾게 되는 바, 문래동을 대표하는 단 하나의 바로 기억될 만하다.

샤로수길에서 맛보는 모래 커피와 위스키의 조화

미라보

서울시 관악구 봉천로 541 4호

0507-1405-0111

18:00~02:00 (토, 일 14:00 오픈)

mirabeau_seoul

서울대입구역과 낙성대역 사이에 있는 샤로수길. 오밀조밀한 노포와 맛집, 카페로 어우러져 젊은 이들이 즐겨 찾는 명소로 자리 잡은 지 오래다. 이곳에 영화 암살의 미라보 여관을 옮겨놓은 듯한 공간적 멋을 더하여 터키 모래 커피와 칵테일, 위스키를 즐길 수 있는 '미라보 바'가 있다. 가정집을 개조해 만들어 친숙하면서도 우아한

실내가 편안함을 주는 곳. 낮에는 모래 커피와 위스키를, 저녁에는 칵테일과 위스키를 즐기는 신개념의 위스키 바를 6년 전 오픈했다. 엄청난 종류의 위스키를 보유하고 있으면서도, 감성적이며 짜릿한 칵테일에 진심을 보여주고 있어, 다양한 위스키 맛과 향을 알아가기 좋은 곳이다.

W NOTE

영화 암살의 미라보 여관을 떠올리게 하는 감각적인 공간에서 색다른 칵테일과 위스키를 즐길 수 있는 샤로수길의 숨은 명소. 낮에는 커피, 밤에는 술로 이어지는 독특한 흐름이 매력적이다. 다양한 위스키를 편하게 탐험하기 좋은 감성적인 공간.

변두리 로바타

서울시 강서구 마곡중앙6로 66 2층
☎ 0507-1369-4376
🕐 17:00~24:00
📷 byunduri_robata

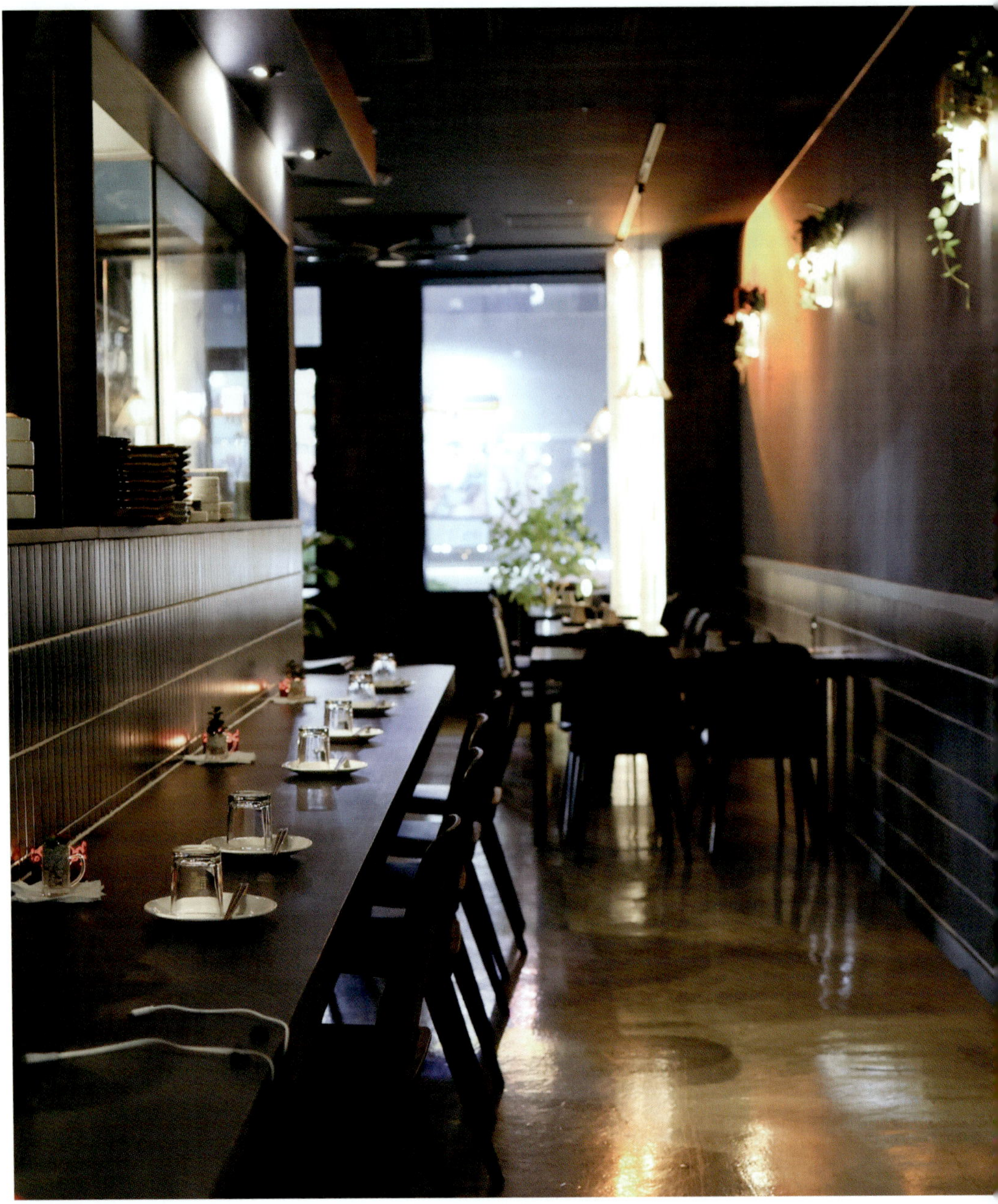

신도시의 새 건물 새 업장 느낌이지만, 일식 퓨전 요리와 와인에서 전문가 품격을 느낄 수 있는 곳. 요리에서는 분명 이자카야 같은 느낌이지만, 와인의 다양성과 충실성에서 또 한 번 감탄하게 하는 '변두리 로바타'가 있다.

서양 요리와 와인을 결합하는 일반적인 방식에서 벗어나, 원재료의 강점을 살리는 일본식 퓨전 요리에 다양한 와인을 페어링하여 새로운 감탄을 이끌어낸다. 다양한 와인을 글라스로 즐길 수 있어서 더욱 만족스러운 곳. 다년간 일본식 요리 주점을 운영해본 경험과 와인에 대한 전문성을 결합해 일본식의 새로운 개념의 와인바를 6년 전 오픈했다. 특별한 연인, 동호회가 담백한 일본식 퓨전 요리에 훌륭한 와인을 맛볼 수 있는 곳이라 더욱 기대된다.

W NOTE

서양식 페어링의 공식을 깨고 원재료의 강점을 살린 일식 퓨전 요리와 와인의 예상 밖 조합이 신선한 만족을 준다. 글라스로 즐기는 다양한 와인과 음식의 궁합이 인상적이다. 익숙한 듯 낯선 페어링을 경험하고 싶을 때 찾게 되는 곳.

발견하는 순간 더 빛나는 곳

봉빌렛

서울시 동작구 사당로 30길 25 101호
☎ 010-7265-6620
🕐 19:00~02:00 (금, 토 03:00까지)
📷 bar_bonbillet

위스키 병과 칵테일 베이스가 바 선반을 가득 메우고 있는 이수역 칵테일 바 봉빌렛. 세련된 분위기로 20대 후반에서 30대에게 인기가 높다. 기본 제공되는 안주와 물 한 컵부터 술과 함께하는 과정을 존중하는 태도가 돋보이는 곳. 메뉴판에 정해져 있지 않더라도 초콜릿 풍미, 과일의 상큼함, 진 베이스 등 원하는 키워드를 언급하면 바텐더가 바로 커스텀형 칵테일을 만들어 준다.

말차와 유자가 조화된 부드러운 '교토의 겨울'은 논알콜 칵테일로 봉빌렛을 대표하는 음료 중 하나다. 다양한 치즈와 과일, 견과류가 함께 나오는 치즈 플래터와 곁들이기 좋은 안주다. 봉빌렛은 작지만 깊고 풍부한 멋을 느낄 수 있는 곳으로 취향을 맞춰주는 바텐더의 세심함이 돋보이는 공간이다.

✎ W NOTE

취향을 말하면 바텐더가 즉석에서 바로 한 잔으로 완성해주는 맞춤형 칵테일 바. 말차와 유자가 어우러진 논알콜 칵테일 '교토의 겨울'과 치즈 플래터까지, 작은 공간이지만 디테일과 배려가 깊게 느껴진다. 조용히, 하지만 확실하게 취향을 만족시키는 곳.

아늑한 분위기와 훌륭한 음식이 어우러진 와인바

엉베흐

서울시 구로구 공원로8길 25 지하1층
010-5800-9141
18:00~01:00 (요일별 다름)
official_unverre

서울의 서쪽 끝. 경기 서부와 인천으로 연결되는 교통의 결절점인 신도림역 인근에 막차를 기다리며, 와인 한 잔의 여유와 멋을 즐길 수 있는 '엉베흐(un verre)' 와인바가 있다. '엉베흐'는 프랑스어로 '와인 한잔'을 의미한다.

창밖, 반사된 불빛과 행인의 흐릿한 실루엣이 느껴지는 창문을 통해 반지하 공간이 주는 독특한 아늑함을 느끼게 해준다. 호텔 쉐프 출신의 프랑스 요리 전문가가 5년 전 이곳에 개성 물씬 풍기는 메뉴를 앞세우며 와인바를 오픈했다. 그가 제안하는 위라위라 처치블럭 호주 와인과 함께하는 수비드 삼겹살은 사람들의 입과 눈을 행복하게 만들어준다. 목요 무료 시음회를 통해 와인과 어울리는 다양한 장르의 음식을 즐기는 재미가 새롭다.

✎ W NOTE

막차 전, 와인 한 잔으로 하루를 마무리하기 좋은 아늑한 공간. 창밖 불빛과 행인의 실루엣이 만들어내는 아늑한 분위기를 즐길 수 있는 곳이다. 프렌치 감성과 셰프의 요리가 어우러져 작은 여행 같은 시간을 만든다. 우연히 들렀다가 오래 머물고 싶어지는 와인바.

새로운 요리로 흥미로운 마곡의 와인바

익스퍼 랩

서울시 강서구 마곡서로 152 B동 221호
0507-1337-9388
17:30~23:30 (일요일 휴무)
exper_lab

신도시 중의 신도시, 서울의 서부 끝자락 마곡 지역에 햇살처럼 빛나는 서양 퓨전 요리 전문점이 있다. 언제나 새로운 메뉴를 개발하고, 와인과의 페어링을 연구하는 곳. 과연 전문가의 실험실 '익스퍼 랩'이 그곳이다.

주말에는 포르투갈 와인을 비롯한 다양한 와인 수업을 진행하며, 와인과 어울리는 요리 실험으로 수준 높고 만족스러운 요리를 내놓는다. 특별히 데빌드 에그와 크림 고구마 뇨끼와 어울리는 레바논 베카 밸리 와인을 자신 있게 권하는 곳. 동네 맛집 수준을 넘어 동료, 연인과 함께 와인과 요리에 빠져들며, 그 깊이를 배우고 싶게 하는 매력을 느끼게 한다.

✎ W NOTE

와인과 요리를 '실험'하는 공간에서 만나는 새로운 페어링 경험. 주말 와인 수업과 요리 실험을 통해 와인과 요리의 깊이를 함께 배울 수 있는 특별한 경험을 선사한다. 단순한 식사가 아닌, 배움과 발견이 있는 와인 공간.

데이트나 모임 장소로 추천하고 싶은 공간

축상

서울시 관악구 남부순환로 1848-6 지하 1층
02-882-7500
17:00~24:00 (일 23:00까지, 월요일 휴무)
chuksang_8.0

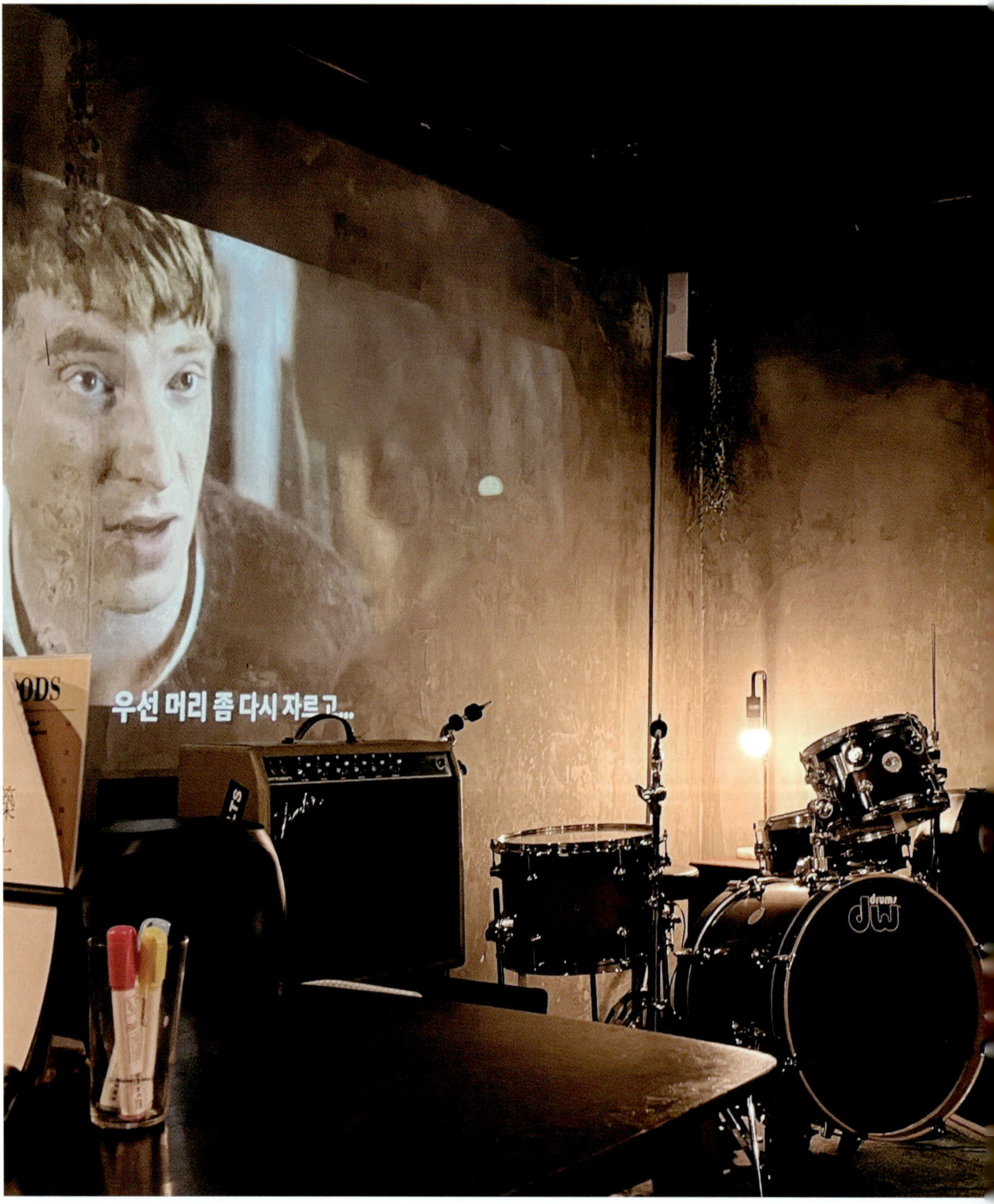

샤로수길의 중심에 위치한 축상(築上)은 독특하고 특별한 분위기를 자랑한다. '축상 시네마'와 라이브 공연을 위한 악기 배치에서 공간의 특별함을 보여주며, 조명과 분위기에서 행복한 시간을 선사하고 있다. 8인의 고교 동창과 지인들이 의기투합해서 만든 동창, 친구들의 아지트에서 시작해 이제 많은 사람들이 즐기는 장소로 인상적인 곳.

즉석떡볶이를 비롯한 합리적 가격의 다양한 메뉴가 구비되어 있어 와인을 입문하기에 더할 나위 없이 좋은 곳이다. 월요일에는 대관이 가능하다는 점은 모임이나 행사를 계획하기에 참고할 만하다.

✎ W NOTE

와인과 음악, 그리고 사람의 에너지가 살아 있는 공간. 합리적인 가격의 부담 없는 메뉴와 자유로운 분위기가 자연스럽게 어울린다. 따뜻한 이야기가 살아 있는 이곳은 모임과 이벤트까지 가능한 '열려 있는 와인 아지트'.

하라고지페

서울시 관악구 관악로14길 106 지하 1층
☎ 0507-1327-2782
🕐 18:30~01:00 (금, 토 02:00까지)
📷 haragogipe

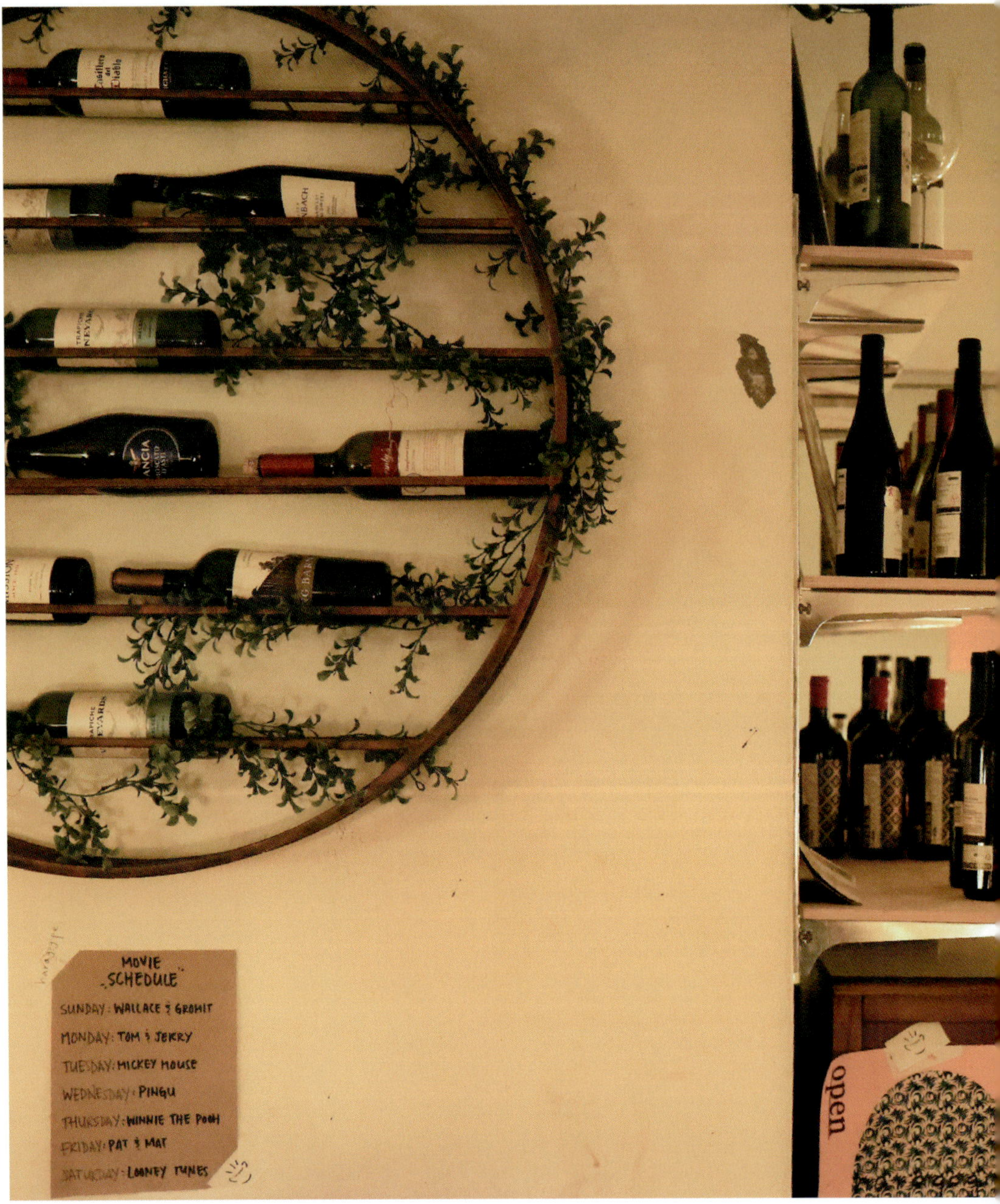

샤로수길 주변, 낮은 조도와 빈티지한 가구가 어우러진 가정집 분위기의 아늑한 공간. 초대된 사람들만 함께하는 비밀스럽고 고요한 분위기에 와인이 절묘하다고 생각되는 '하라고지페' 와인 방이 있다. 하라고지페는 'harmony'와 브라질의 독특하고 특별한 커피로 간주되는 풍미 좋은 '마라고지페'를 합성하여 만든 말이다.

공간은 유럽의 가정집 스타일로, 포근하고 빈티지한 분위기를 자아내는 곳. 내부는 다소 어두운 조명과 고풍스러운 소품들이 눈에 띄며 벽에는 손님들이 남긴 다양한 낙서와 메모들이 가득하다. 와인 잔에 자신만의 낙서할 수 있어 이곳에서의 추억이 더욱 오래 간직할 수 있을 듯하다. 훈제 삼겹살은 한국적인 느낌을 더해 주어 이국적인 와인과 조화를 이루게 해준다.

W NOTE

초대받은 듯한 분위기 속에서 즐기는 와인이 더욱 절묘하게 빛나는 공간. 빈티지한 감성과 벽을 가득 채운 손님들의 흔적이 특별한 기억을 만든다. 샤로수길의 숨겨진 아지트에서 조용히 오래 머물고 싶은 밤에 어울리는 장소.

분위기와 멋이 살아나는 문래의 명소
형제조각

서울시 영등포구 도림로 440-1 1층
☎ 0507-1326-0532
🕐 18:00~02:00 (금, 토 03:00까지, 수요일 휴무)
📷 bropiece_mullae

문래의 거친 골목 속, 세련된 감각으로 숨겨진 '형제조각 문래'. 빈티지한 음악과 멋스러운 인테리어가 어우러진 이곳은 위스키와 칵테일, 그리고 수제 아이스크림까지 즐길 수 있는 특별한 바다. 참외와 티라미수 아이스크림은 달콤한 향과 부드러운 질감으로 잔잔한 여운을 남기고, 바텐더는 취향에 맞춰 칵테일을 섬세하게 완성한다. 미슐랭 3스타 출신 게스트 셰프가 만든 해산물 요리도 신선함이 살아 있다. 음악, 분위기, 음식, 술 네 가지가 완벽하게 맞물리는 곳. 문래의 거친 외관 뒤에 숨겨진 감각적인 품격, 형제조각 문래다.

✎ W NOTE

문래의 거친 골목 속에서 만나는 감각적인 반전의 공간. 위스키, 칵테일, 디저트, 음식까지 완성도 높은 조합이 인상적이다. 취향 맞춤 칵테일과 미슐랭 3스타 출신 게스트 셰프의 해산물 요리가 더해져 분위기와 맛, 음악까지 모두 만족시키는 숨은 명소.

도우 신도림

📍 서울시 구로구 공원로6나길 35-7 지층
☎ 0507-1420-6322
🕐 18:00~02:00
📷 official_d.o.w

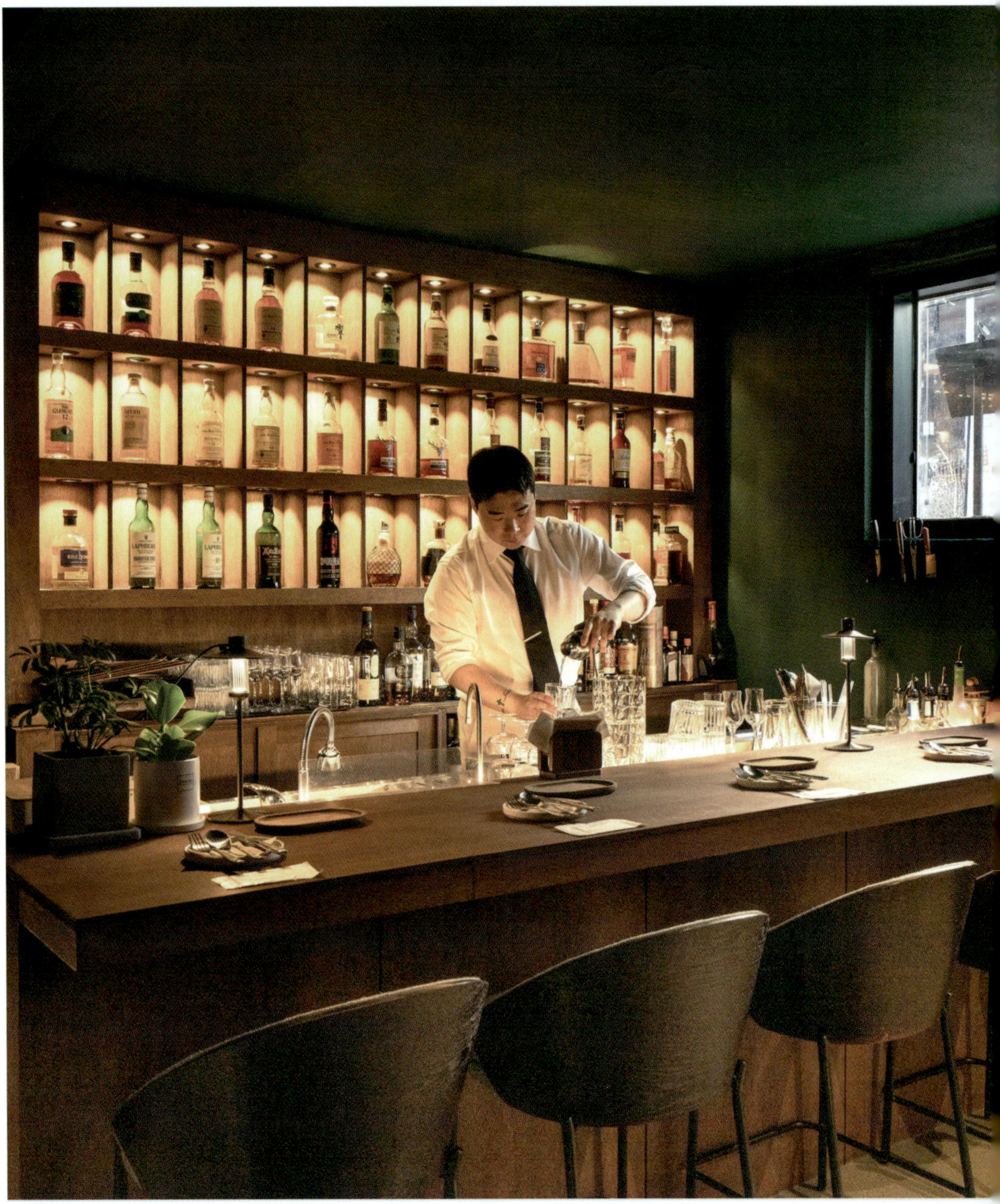

서울 서부 끝 신도림이 근거지인 직장 동료, 연인이라면 낭만과 여유를 즐기기에 이만한 좋은 공간이 또 있을까? 위스키, 하이볼, 칵테일 어느 것 하나 빠지는 거 없이 합리적인 가격에 수준급으로 제공되면서도 기본 안주로 얼린 포도가 제공된다. D.O.W.는 drink of whisky, '한 잔의 위스키'를 뜻한다.

호텔 출신 바텐터가 운영하는 업장으로, 호텔 쉐프가 다양한 음식을 제공하고 있어 눈과 입이 언제나 행복한 곳이다. 정통 위스키는 기본, 보드카 베이스의 화려한 불꽃 뒤의 반전이 있어 눈길을 사로잡는 로즈메리 하이볼과 항정살 수육, 미소 농어구이를 맛보기를 추천한다.

✎ W NOTE

호텔 출신 바텐더와 셰프가 이끄는 이곳은 위스키, 하이볼, 칵테일 모두 합리적인 가격에 수준급으로 즐길 수 있다. 불꽃 뒤 반전이 있는 로즈메리 하이볼과 항정살 수육, 미소 농어구이까지 눈과 입이 동시에 행복해지는 신도림의 낭만적인 한 잔이다.

SEOUL
서북권

은평구
서대문구
마포구

그랑웨이브

서울시 마포구 희우정로20길 63
☎ 0507-1421-2228
🕐 17:00~00:30
(목~토 14:00 오픈, 화요일 휴무)
granwave

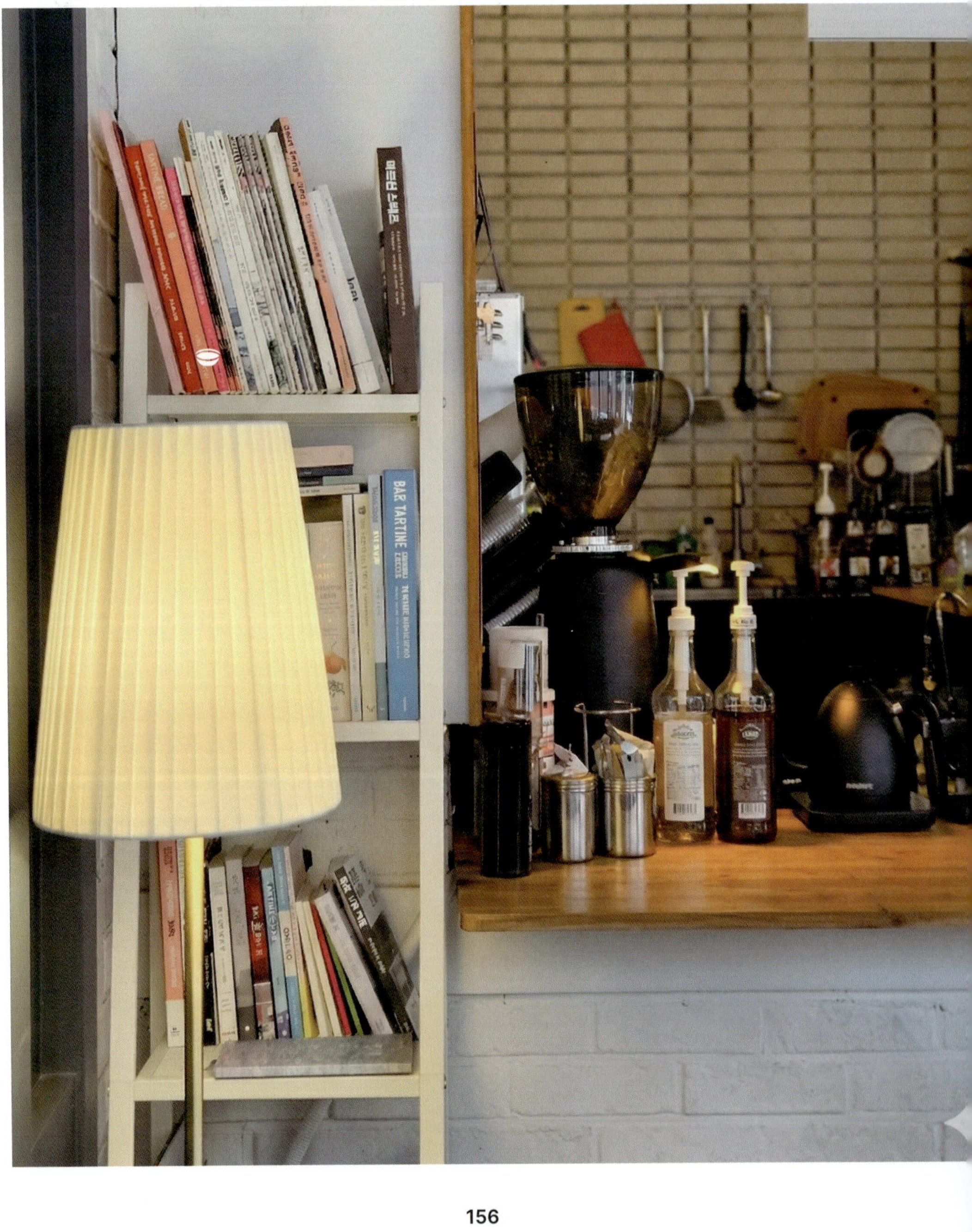

낮의 골목이 저물고 가로등 불빛이 켜지면, 단독 주택을 개조한 건물 2층의 그랑웨이브의 창 너머로 은은한 빛이 흘러나온다. 안으로 들어서면 따뜻한 우드 톤의 인테리어가 먼저 시선을 감싸고 벽면의 조명과 차분한 음악이 긴 하루의 긴장을 풀어준다.

우리 술 전문 바인 만큼 메뉴판 속 익숙하지 않은 술의 향연이 펼쳐지지만 친절하신 사장님의 설명이 곁들여져 낯설지 않다. 40도 이상의 우리 증류주가 잔술로 제공되어 한 잔 한 잔 새로운 발견에 즐겁고, 특히 시그니처 하이볼은 전통주의 깊은 뿌리를 현대적감각으로 풀어내어 매력이 넘친다. 그랑웨이브는 술을 중심으로 사람을 이어주는 곳이자 오늘의 시간을 특별하게 만들어주는 특별한 공간이다.

✎ W NOTE

단독주택 2층, 따뜻한 우드 톤과 차분한 음악이 긴 하루의 긴장을 풀어주는 우리 술 전문 바. 40도 이상 증류주를 잔술로 한 잔씩 새롭게 발견하는 재미가 있고, 전통주를 현대적으로 풀어낸 시그니처 하이볼은 특히 매력적이다.

서울시 마포구 와우산로 15길 10
02-337-7560
19:00~02:00 (첫 번째 일요일 휴무)
bar_dstill

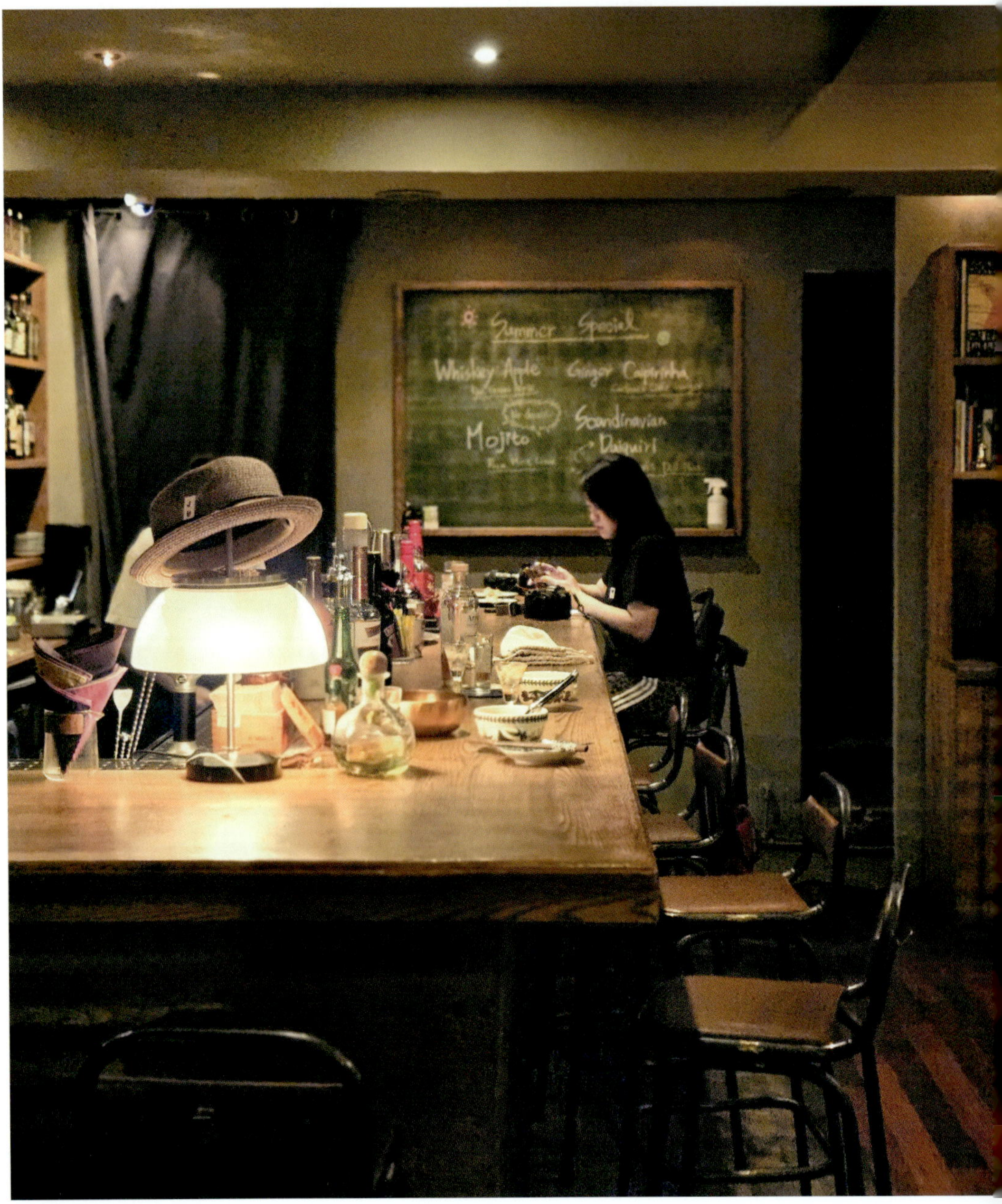

홍대의 북적임을 뒤로하고 한 골목 안쪽으로 들어와 문을 열면, 디스틸은 바깥공기와는 전혀 다른 리듬으로 손님을 맞이한다. 조도를 낮춘 조명과 원목이 어우러진 인테리어는 하루 동안 긴장되었던 마음을 서서히 풀어낸다. 선반 위에 가지런히 놓인 위스키와 진, 아르마냑을 핸들링하는 바텐더는 술마다 다른 이야기를 풀어내며 손님과 소통한다.

칵테일은 클래식의 기본을 지키면서도 개성을 담아 새로운 스토리를 만들고, 시그니처 위스키 칵테일은 부드러운 첫인상 뒤에 강렬한 여운을 남기며 혀끝을 맴돈다. 벽을 채운 선반과 은은한 음악은 이곳을 마치 작은 서재 같은 바처럼 느끼게 한다. 홍대의 자유로움 속에서도 이곳은 고요히 술의 본질을 이야기하며 온기를 전한다.

W NOTE

홍대 골목 안쪽, 낮은 조도와 원목 인테리어가 작은 서재 같은 분위기를 완성하는 위스키 바. 클래식을 지키면서도 개성을 담은 칵테일과 술마다 다른 이야기를 풀어내는 바텐더가 있어 홍대의 자유로움 속에서도 조용히 술의 본질을 음미할 수 있다.

경의선 숲길에서 만나는 작은 이탈리아

랑게

서울시 마포구 독막로31길 10
0507-1409-3586
17:00~23:00 (일요일 휴무)
langhe_diningbar

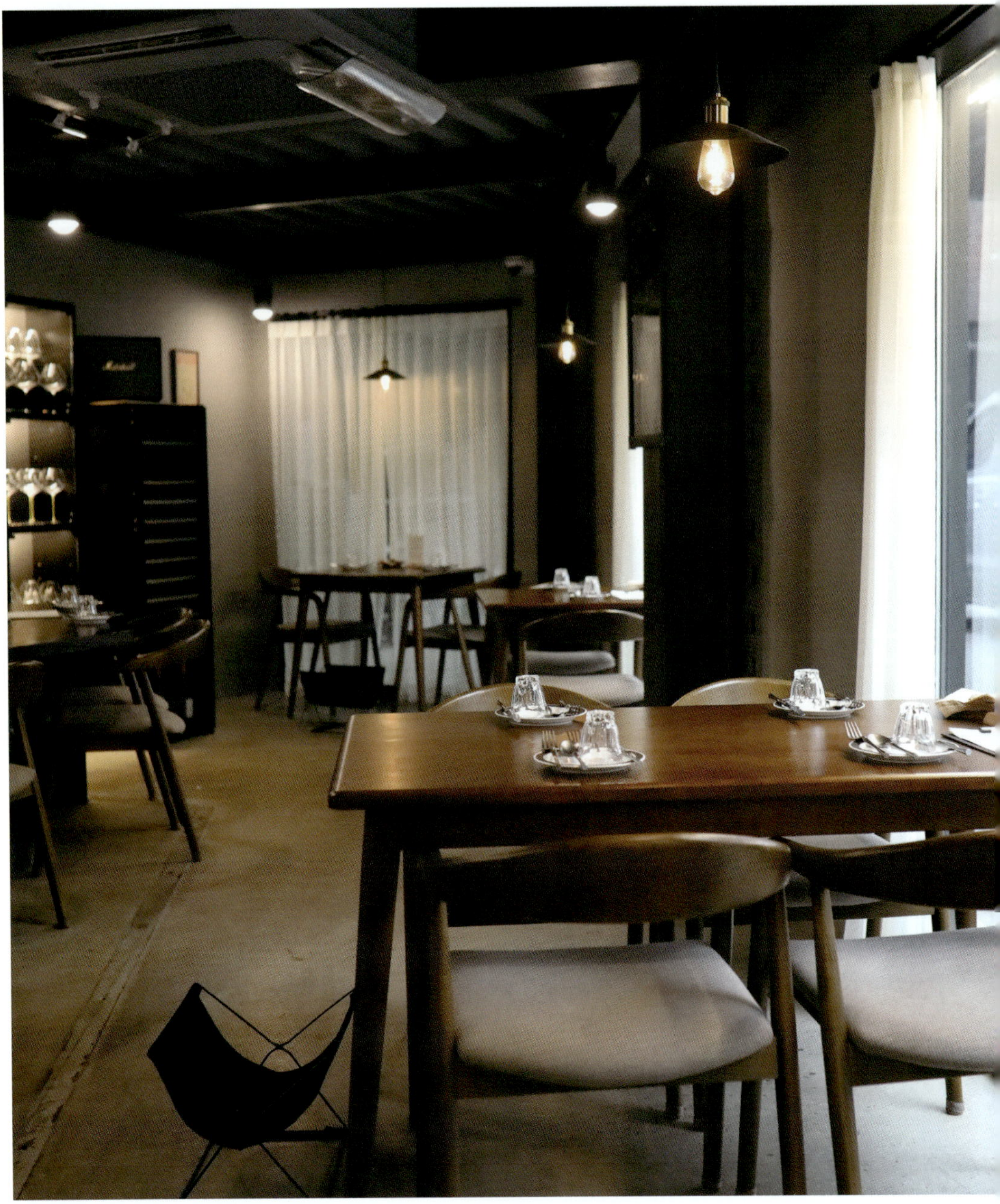

공덕동 경의선 숲길 옆 조용한 골목에 무국적 퓨전 요리점이자 와인바인 랑게가 자리잡고 있다. 랑게는 '~하니까'의 전라도 사투리인 '~랑게'라는 의미와 이탈리아 북부 피에몬테의 와인 산지로 세계 유네스코에 등재될 정도의 뛰어난 자연 경관을 가진 '랑게'지역의 이름을 합친 뜻이다. 와인에 조예가 깊은 사장님의 의견이 반영되어 일반적인 와인바에서 보기 어려운 개성 있는 와인들을 만나볼 수 있는 점이 매력적이다.

은은한 조도와 나무 질감의 인테리어, 여유 있는 분위기는 물론 제철 식재료를 활용한 수준급의 음식들이 와인을 즐기기에 아주 이상적이다. 매월 새로운 와인과 음식이 소개되고 특별한 와인 디너나 시음회도 열려 색다른 경험을 제공한다. 일상 속에서 자연스럽고 품격 있게 와인을 즐기고 싶은 이들에게 어울리는 공간이다.

✎ W NOTE

경의선 숲길 옆 조용한 골목, 제철 식재료 요리와 일반 와인바에서 보기 어려운 개성 있는 와인이 만나는 공간. 매월 새로운 와인과 음식이 소개되고 특별한 와인 디너와 시음회도 열려 일상 속에서 품격 있게 와인을 즐기고 싶은 이들에게 안성맞춤이다.

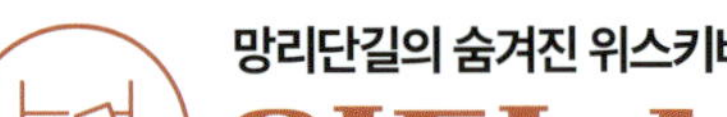

안티 소셜 위스키클럽

📍 서울시 마포구 동교로 43 2층　　☎ 0507-1325-0929　　🕐 19:00~02:00　　📷 antisocial_whisky_club

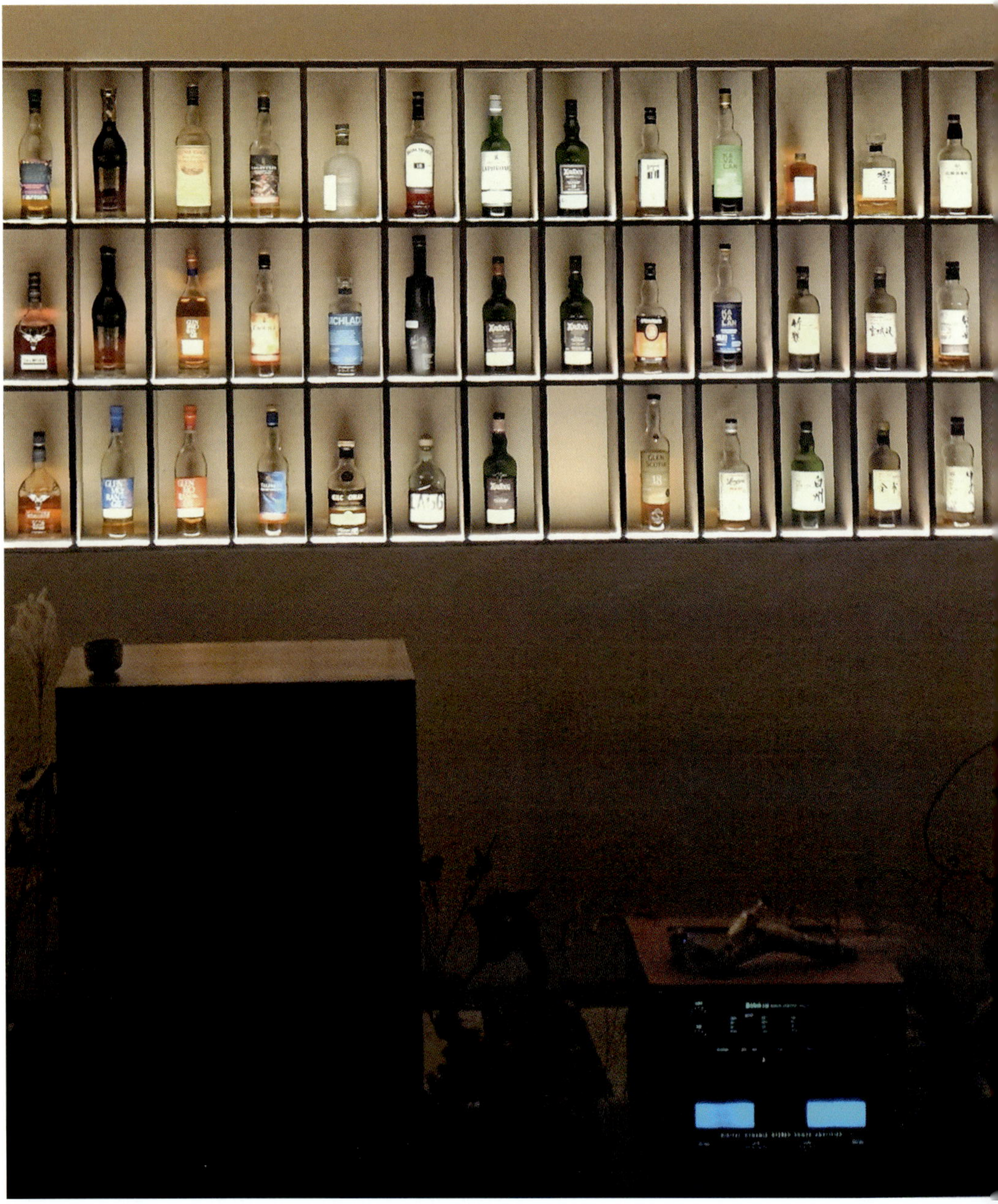

망원동의 작은 도로 옆 건물 2층에 은밀히 들어앉은 안티 소셜 위스키클럽은, 우드로 된 간판마저 너무 작아 지나칠 정도로 '비밀 아지트' 같은 느낌이 가득하지만 문을 여는 순간 직감적으로 오산임을 알게 된다. 작은 콘서트장이 연상되는 웅장한 공간구성과 스피커 그리고 선반 가득 진열된 위스키 병들이 압도적인 존재감을 드리운다.

'칵테일은 없지만 하이볼은 있어요.'라는 문구에서 느낄 수 있듯이 위스키의 다양한 얼굴만으로 승부하는 뚝심을 보여준다. 긴 바 테이블에 앉아 취향에 맞는 위스키를 골랐다면 낮은 조명 아래에서 심도 깊은 음악을 즐기며 혼자만의 시간을 즐기자. '위스키를 온전히 음미하는 순간'을 원한다면 도심 속 숨은 비밀 같은 이 곳이 정답이다.

✎ W NOTE

작은 우드 간판마저 찾기 어려운 망원동 2층, 문을 여는 순간 웅장한 사운드와 선반 가득 진열된 위스키 병들이 압도적인 존재감으로 맞이한다. 칵테일 없이 위스키와 하이볼만으로 승부하는 뚝심 있는 이곳에서 낮은 조명과 깊은 음악 속 온전히 위스키를 음미하는 밤을 경험해보자.

📍 서울시 마포구 백범로24길 1-7
☎ 0507-1390-4524
🕐 17:00~02:00 (토,일 16:00 오픈, 일 01:00까지)
📷 yujin_in_gongdeok

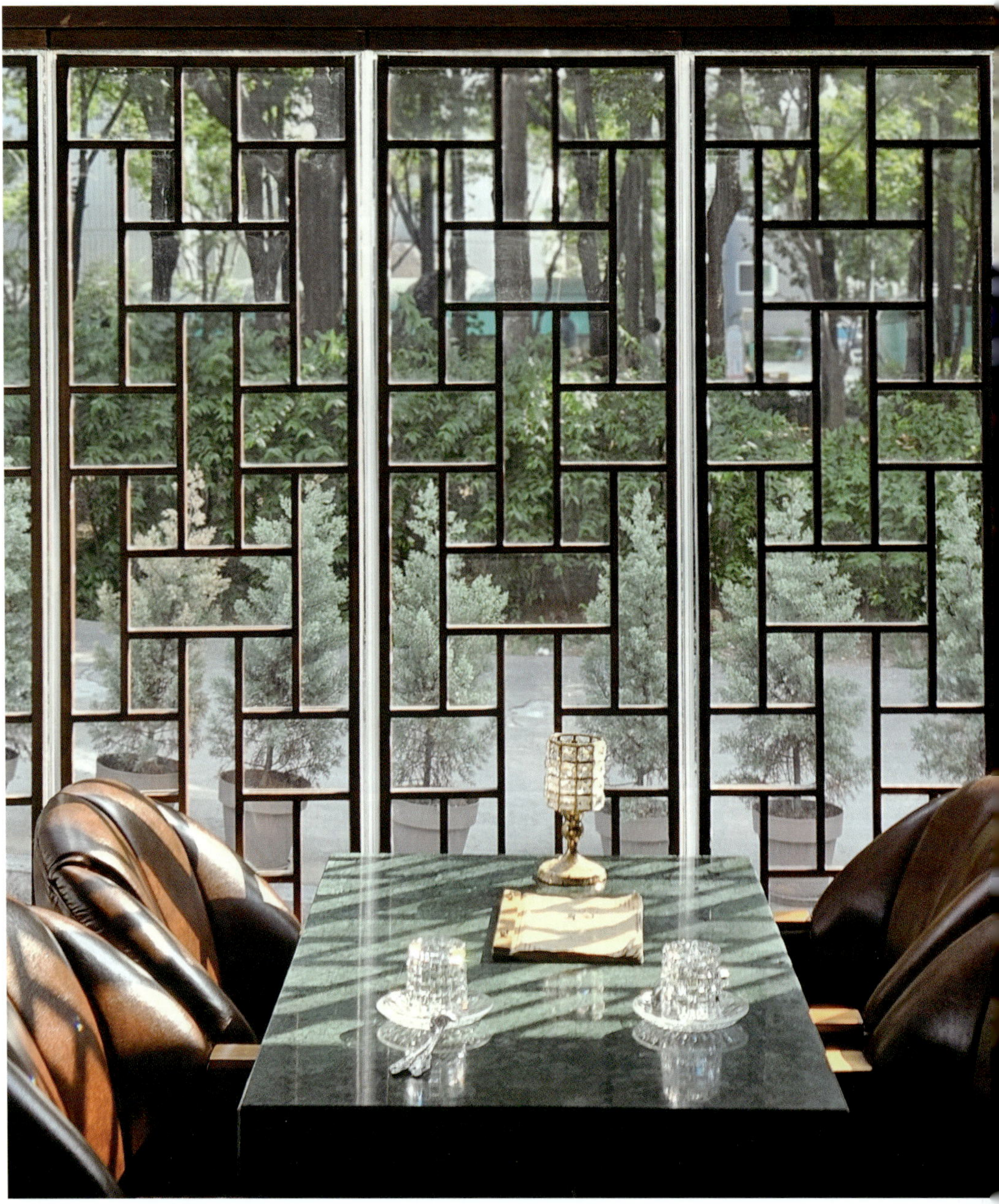

'사랑하는 여자를 위해, 사랑하는 아내가 좋아하는 것으로 가득 채웠다'는 주인장님의 애정이 깃든 바 유진은 재즈의 여운과 한옥의 고즈넉함이 미묘하게 어우러진 공간이다. 문을 열면 아늑한 분위기가 우릴 반갑고도 따스하게 맞이한다. 다양한 위스키와 와인, 칵테일 라인업이 그 어느 바보다도 풍성하게 구비되어 있어 취향대로 선택할 수 있고, 푸드 메뉴 또한 배를 든든히 채울 수 있는 식사부터 핑거푸드까지 세심하게 구성되어 있어 한 잔의 여유가 완성된다. 햇살이 부드럽게 비치는 테라스와 실내의 은은한 조명 아래에서 사랑스러운 대화가 몽글몽글 피어오른다.

✎ W NOTE

사랑하는 여자를 위해 만든 공간답게 재즈와 한옥의 고즈넉함이 어우러진 따뜻한 바. 위스키, 와인, 칵테일 모두 풍성하게 갖춰져 있고 식사부터 핑거푸드까지 세심한 푸드 메뉴가 더해져 테라스의 햇살 아래서도, 은은한 조명 아래서도 완벽한 한 잔이 완성된다.

서울시 마포구 포은로 90

☎ 0507-1402-5858

화~금 18:30~01:00 (금 01:30까지, 토 14:00 오픈),
일 14:00~01:00 (월요일 휴무)

chaegbar

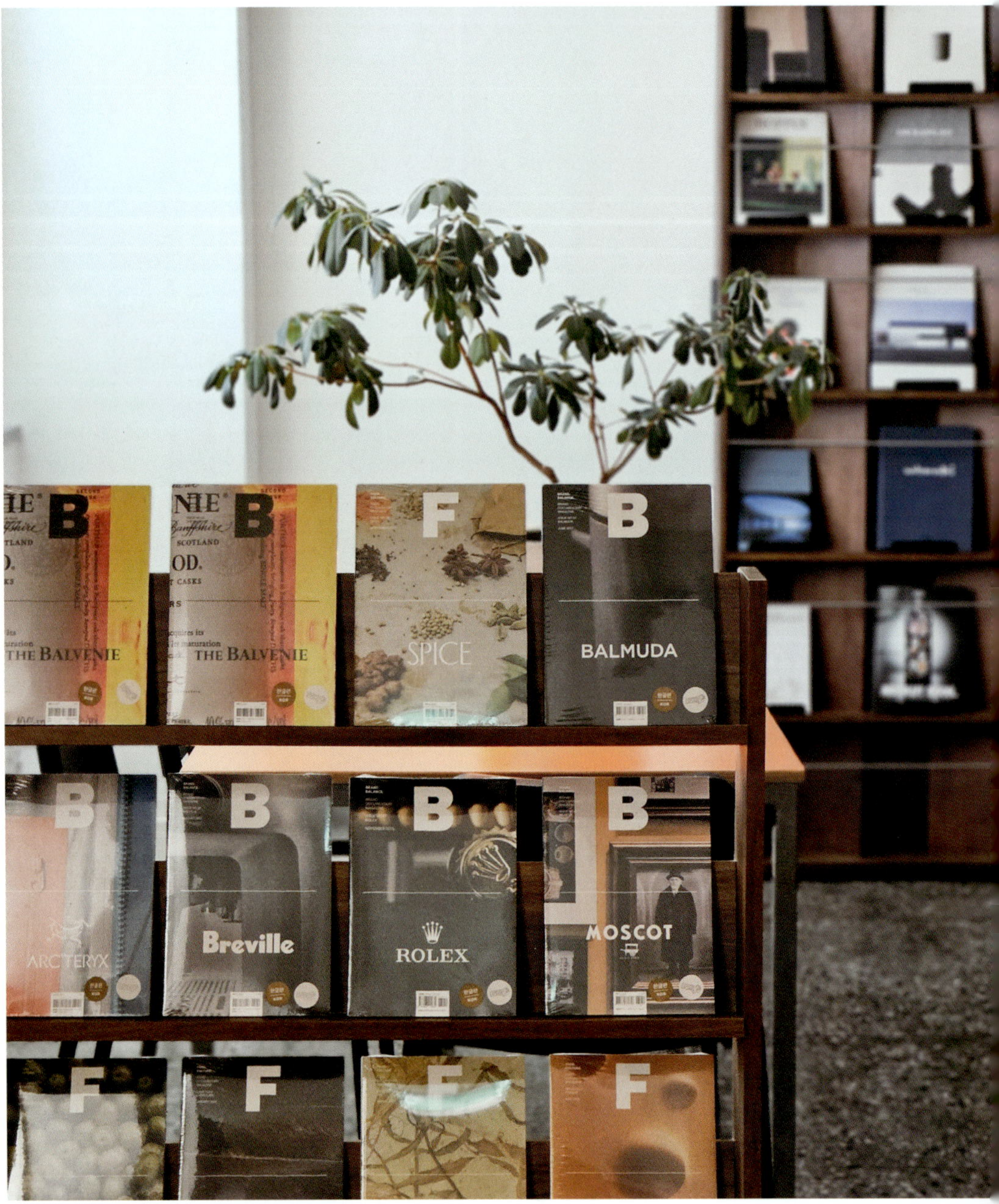

책과 술이 조용히 공존하는 책바의 문을 열고 들어서면 책의 향과 술잔의 온기가 동시에 느껴진다. 벽면 가득 책들이 꽂혀 있어 아늑하고 마치 누군가의 서재에 초대된 듯한 기분을 선사한다. 손님들은 은은한 조명 아래 자연스레 책의 페이지를 넘기며 한 잔의 와인이나 위스키를 곁들인다. 소설과 작가에게 영감 받아 만들어진 칵테일과 소설 속에 등장한 칵테일이 시그니처 메뉴이다. 책을 읽다가 고개를 들면 바텐더의 세심한 손길이 어느새 또 한잔을 채우고 있다. 누군가는 이야기를 나누고, 누군가는 고요히 책에 몰입한다. 큐레이션 된 천여 권이 넘는 책이 있는 책바에서의 밤은 고요하면서도 풍성하다.

✎ W NOTE

벽면 가득 책이 꽂힌 이곳은 누군가의 서재에 초대된 듯한 아늑함 속에서 소설에서 영감을 받은 칵테일을 즐길 수 있는 공간이다. 천여 권의 큐레이션 된 책과 위스키, 와인이 공존하는 책바에서의 밤은 고요하면서도 풍성하다.

서울시 서대문구 연희맛로 31-9
010-4045-6421
19:00~03:00
cobbler_yeonhee

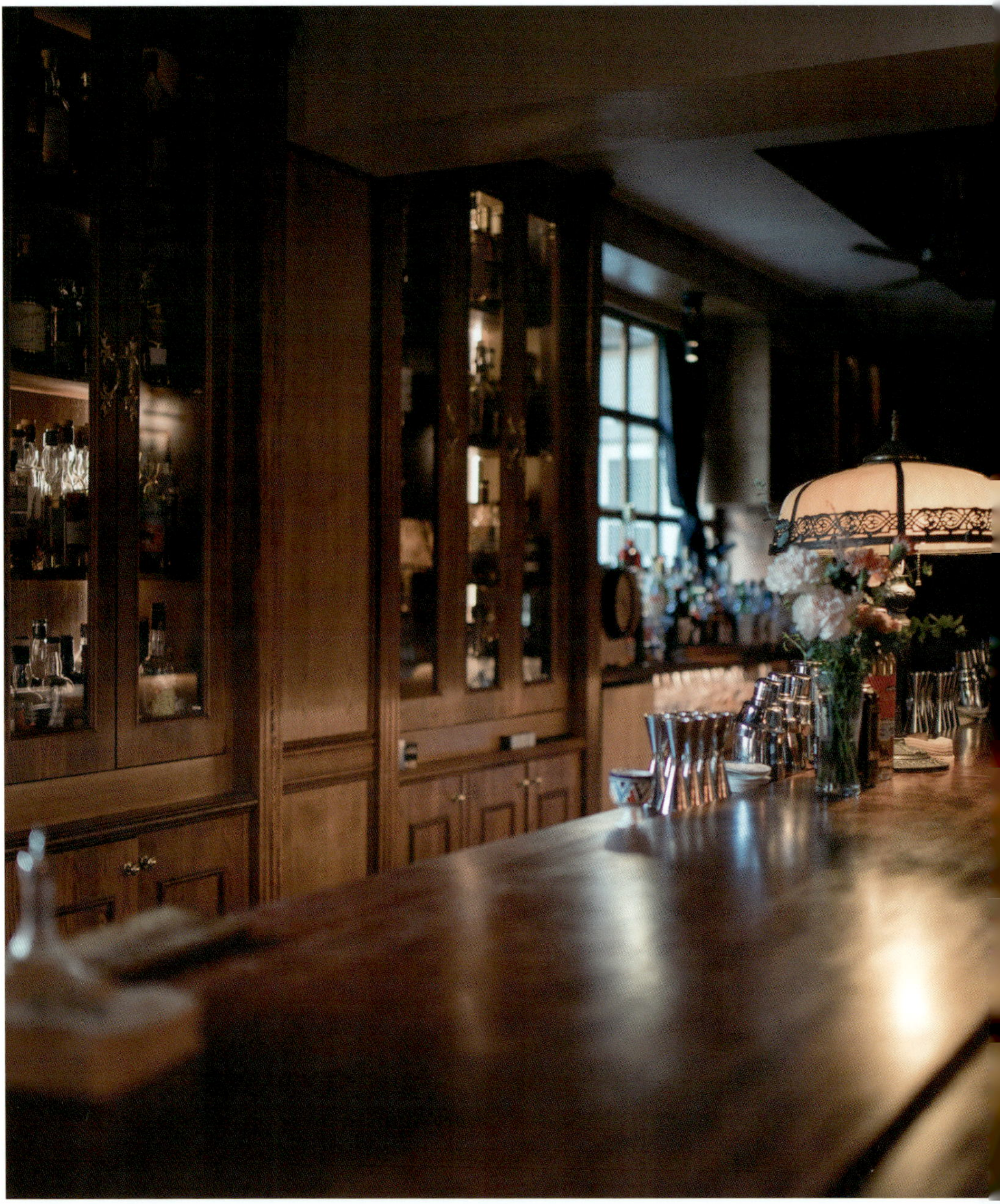

복고적인 감성과 개성이 충만한 연희동 주택가 골목에 아늑한 마당이 눈에 띄는 코블러 연희가 있다. 초록 문을 열고 들어가면 유럽 어느 귀족 가문의 응접실을 떠올리게 하는 클래식한 인테리어와 빈티지 소품들이 분위기를 압도한다. 코블러 연희에서 가장 인상적인 부분은 메뉴판이 없다는 것이다. 자유롭게 본인의 취향을 얘기하면 탁월한 실력을 가진 바텐더가 친절한 설명과

함께 최적의 위스키를 추천해준다. 위스키와 함께 코블러 연희의 숨은 별미인 포크 커틀렛을 곁들여보자. 의외로 다양한 위스키와 훌륭한 페어링을 보여주는 특별한 조합이다. 화려한 도심의 풍경과는 또 다른 고즈넉하면서 개성 있는 연희동의 매력이 코블러 연희에서의 시간을 더욱 특별하게 해준다.

✎ W NOTE

연희동 주택가 골목, 유럽 귀족 응접실을 떠올리게 하는 클래식한 인테리어 속에서 취향을 말하면 바텐더가 최적의 위스키를 골라주는 특별한 경험을 선사한다. 숨은 별미 포크 커틀렛과 위스키의 의외의 페어링까지, 고즈넉한 연희동의 매력이 시간을 더욱 특별하게 만든다.

서울시 마포구 동교로 235-1 2층
☎ 0507-1396-0007
월-금 18:00~24:00,
토, 일 13:00~01:00 (수요일 휴무)
hangeul_yeonnam

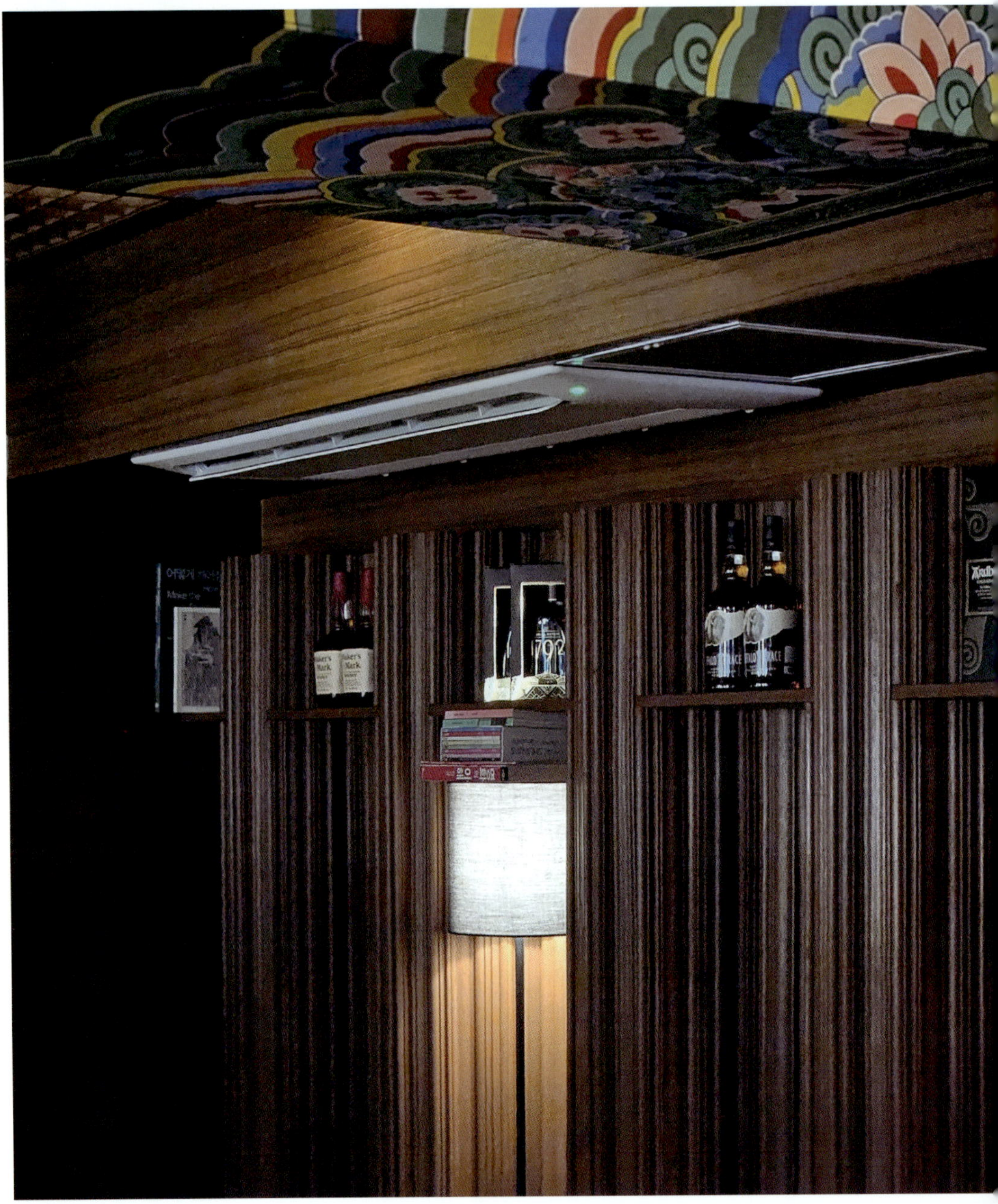

바 한글은 천장에 조형된 한옥 문양과 구석구석 한국적인 디테일이 채워져 '한국의 미'가 가득 느껴지는 유니크한 공간이다. 핸드드립 커피에서부터 위스키, 다양한 칵테일까지 폭넓은 메뉴는 낮에는 카페처럼, 밤에는 바처럼 시간이 녹여내는 공간을 오롯이 즐길 수 있다. 혼술과 데이트는 물론 반려견도 함께 방문할 수 있어 사색을 즐기려는 이부터 노트북을 꺼내 잠시 업무에 집중하려는 이들까지 모두의 입맛과 마음을 사로잡는다.

사장님 부부의 따뜻한 환대는 이곳이 단순한 바가 아닌, 이름처럼 '마음을 나누는 우리만의 한글공간'이라는 느낌을 남기는 특별한 곳이다.

W NOTE

한옥 문양과 한국적 디테일이 가득한 유니크한 공간에서 낮엔 카페로, 밤엔 바로 자유롭게 즐길 수 있다. 혼술, 데이트, 반려견 동반까지 모두 가능하고 사장님 부부의 따뜻한 환대가 단순한 바를 넘어 마음을 나누는 공간으로 기억하게 한다.

GYEONGGI

경기도

디테일바

수원시 팔달구 화서문로 26-2 3층
☎ 0507-1359-0737
🕐 18:00~02:00 (금, 토, 일 17:00 오픈)
📷 detail.bar

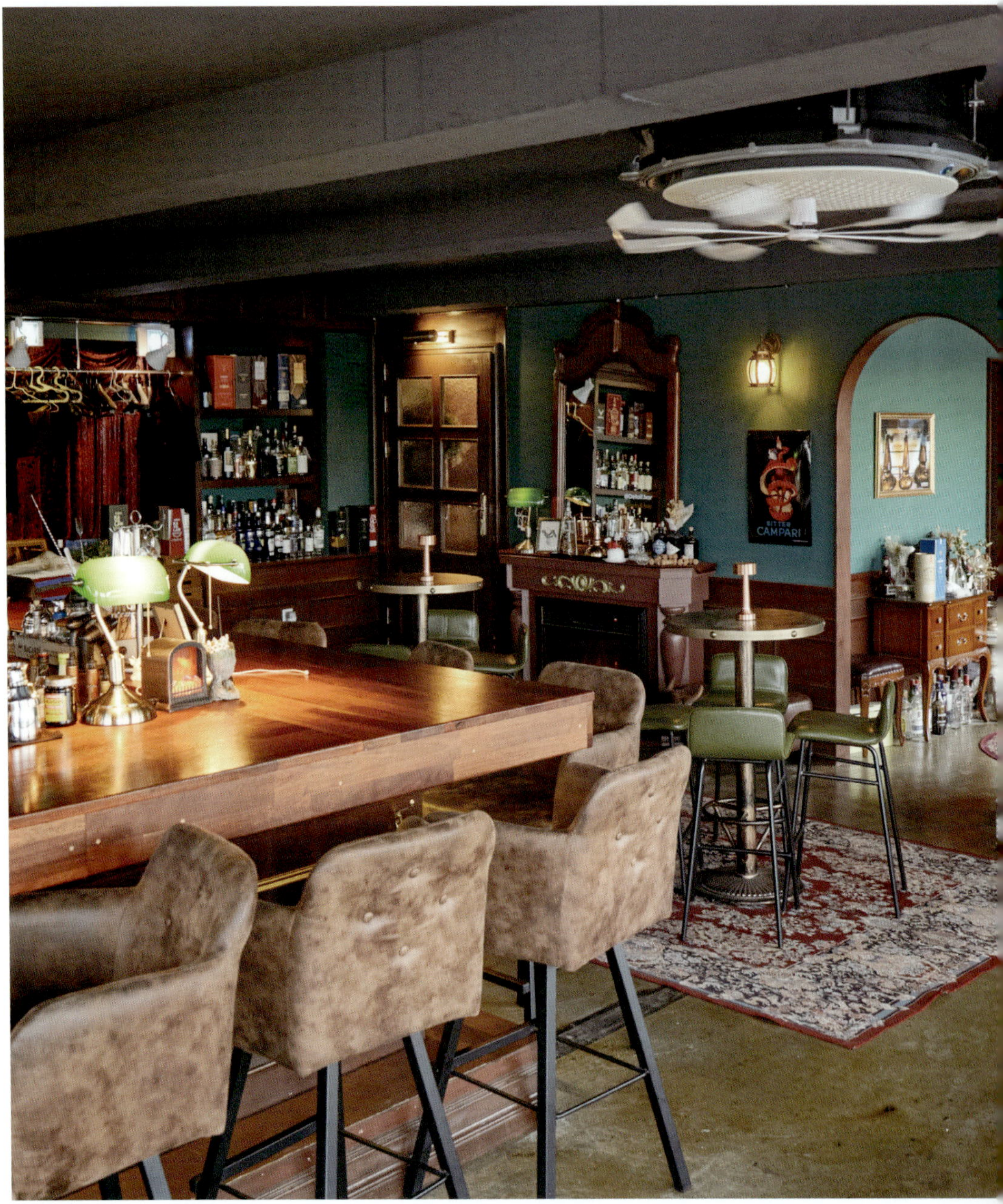

국내 최대 규모의 화성 행궁이 있는 수원. 개성 있는 카페와 맛집이 문을 열면서 새로운 전성기를 맞이했다. 밤이면 아늑한 야경을 덧입으며 더욱 많은 이들이 찾아오는 행궁동에 고객의 취향을 세심하게 듣고 선호하는 향과 맛이 깃든 한 잔의 위로를 건네는 '디테일 바'가 있다.

행궁의 멋스러운 전경을 한 눈에 내려다볼 수 있는 통창까지 있어 머무는 시간이 더욱 즐거운 곳. 품위 있되 무겁지 않은 사람의 향기가 있는 공간을 만들겠다는 마음으로 3년 전 오픈했다. 화려한 도심의 풍경과는 다른 고풍스러운 매력이 사계절 느껴지는 행궁에 있기에 디테일 바에서 누리는 시간은 더욱 특별하다.

수원 행궁동, 행궁의 고풍스러운 전경을 통창으로 내려다보며 취향에 맞게 조율된 한 잔의 위로를 건네는 공간이다. 화려한 도심과는 다른 사계절 고풍스러운 매력이 살아 있는 행궁 앞에서의 시간은 그 자체로 특별하다.

밤의 부엉이
노체부어

수원시 팔달구 정조로 905번길 41
0507-1363-6882
17:00~24:00 (토, 일 15:00 오픈)
noche_official_noche

NOCHE BUHO

수원 행궁동 골목을 걷다 보면, 성곽을 배경으로 고풍스러운 건물을 만날 수 있다. 건물 위에 부엉이 로고가 살짝 걸려 있는 노체부어는 이름 그대로 '밤의 부엉이(noche búho)'처럼 해질 무렵부터 아름다운 조명과 와인의 향기가 감도는 곳이다. 창가 테이블 너머로 수원 화성의 아련한 노을이 펼쳐지고 스페인 감성으로 꾸며진 내부는 와인 코르크 장식부터 벽면의 빈티지 포스터까지 세심한 디테일이 살아 있어 마치 마드리드 어느 골목 펍에 와있는 듯한 생각이 들게 하는 공간이다.

까베르네 소비뇽, 알바리뇨, 샹그리아 등이 있으며 와인 보틀 주문 시 제공되는 타파스 서비스가 있어 여럿이 나눠 마시기에도 부담이 적다. 해 질 무렵 루프탑 자리에서 노체부어만의 아름다운 풍경과 함께 와인을 즐기기에 더없이 좋은 곳이다.

W NOTE

성곽을 배경으로, 해질 무렵부터 스페인 감성의 조명과 와인 향이 감도는 '밤의 부엉이' 같은 공간. 창가 너머 수원 화성의 노을과 루프탑에서 즐기는 와인 한 잔, 마드리드 골목 어딘가에 와 있는 듯한 낭만적인 밤을 선사한다.

Old Meets New

OMN

- 수원시 팔달구 신풍로63번길 12-14
- 070-8691-2117
- 17:00~24:00 (토, 일 16:00 오픈)
- oldmeetsnew7

아담하면서도 멋스러운 마당을 지나 마치 한옥으로 만든 고택에 들어서는 듯한 느낌을 전해주는 OMN. 오래된 것과 새로운 것의 만남을 뜻하는 매장 이름에서 알 수 있듯이 이곳에서는 세련되고도 차분한 느낌의 공간이 진한 인상을 남긴다. 글라스 와인부터 병 와인, 생맥주, 모히토부터 시작해 목살 된장구이, 연근과 돼지감자 튀김, 홍합&새우 토마토 스튜, 트러플 크림 우동 등의 푸짐하면서도 정성스러운 안주를 합리적인 가격대에서 즐길 수 있다.

낮은 담장을 넘어 행궁동의 고요와 옛 골목의 정취를 모두 품고 있는 야외 좌석은 한옥 마당에서의 색다른 추억을 선사한다. 매장 이용 후 행궁의 야경을 따라 걸을 수 있는 것 또한 이곳의 큰 자랑거리 중 하나. 주변 볼거리도 많아 OMN을 찾는다면 기분 좋게 하루를 꽉 채울 수 있다.

W NOTE

오래된 것과 새로운 것의 만남을 담은 행궁동의 한옥 감성 공간으로, 트러플 크림 우동부터 홍합 토마토 스튜까지 정성스러운 안주를 합리적인 가격에 즐길 수 있다. 고요한 야외 한옥 마당 좌석에서의 한 잔은 행궁동 야경 산책으로 자연스럽게 이어진다.

수원 화성의 시간과 잘 어울리는

쌀술집

수원시 팔달구 화서문로41번길 15-15
☎ 0507-1385-0426
🕐 16:30~24:00
ⓞ ssalsool.zip

쌀술집은 전통주를 삶처럼 자연스럽게 풀어낸 공간이다. 한옥의 결을 닮은 목재 인테리어와 낮은 조도는 술에 집중하게 만들고 술 항아리와 발효도구들이 조용히 자리를 지키고 있다. 이곳의 대표 전통주는 100% 국내산 쌀, 누룩 그리고 깨끗한 물이라는 세 가지 재료만 사용해 자연 발효 과정을 거친 직접 빚는 쌀 술인 '정조의 꿈'이다.

누룩의 향, 쌀의 단맛, 발효의 산미가 또렷하게 살아 있다. 또한 제철 식재료를 활용하여 철마다 바뀌는 감칠맛 나는 안주가 술의 결을 살려준다. 쌀술집은 마시는 공간이 아니라 머무는 장소다. 행궁동의 밤, 가장 느린 속도로 전통주를 재발견할 수 있는 따뜻한 공간이다.

W NOTE

100% 국내산 쌀과 누룩, 물만으로 빚은 '정조의 꿈'과 철마다 바뀌는 제철 안주가 전통주의 진수를 보여주는 공간. 마시는 곳이 아닌 머무는 장소로, 행궁동의 밤을 가장 느린 속도로 전통주를 재발견하고 싶은 이들에게 추천한다.

수원시 영통구 센트럴파크로 127번길 5-10 1층
☎ 0507-1468-3428
🕐 17:00~24:00 (토 15:00 오픈),
  일 13:00~22:00 (월요일 휴무)
📷 moniquebar___

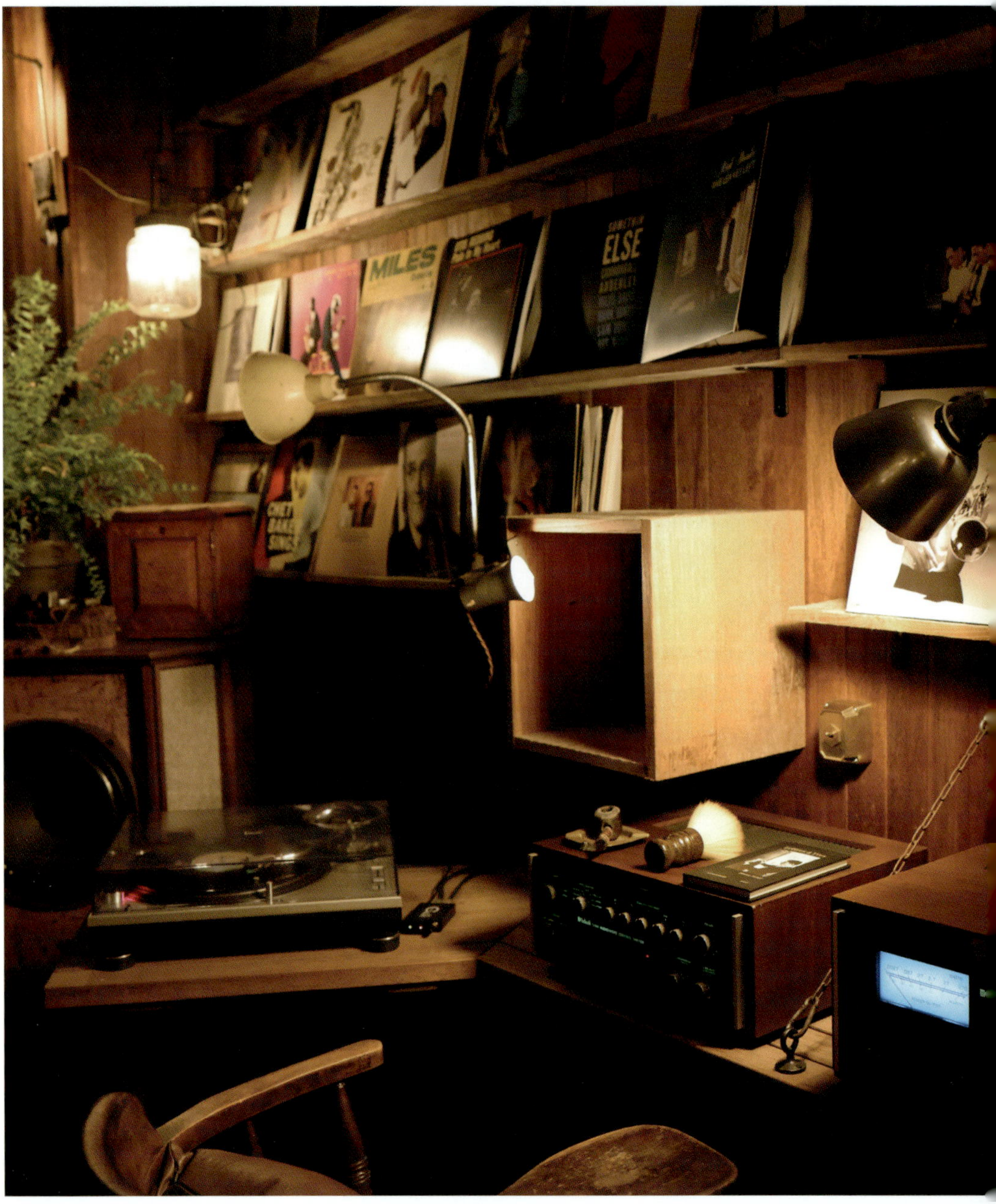

'단 하나뿐인'이라는 의미를 가진 모닉(Monique)이라는 이름을 가진 수원 광교를 대표하는 인기 있는 바. 오랜 시간 고민하고 준비해 온 흔적이 엿보이는 인테리어가 훌륭한 곳이다. 시간이 쌓인 물건과 조명들 매일 정성 들여 준비하는 따뜻한 음식과 와인. 언제나 같은 자리를 지키고 있는 강아지가 모닉을 모닉답게 채우는 요소 중 하나다.

어느 예술가가 머무를 것만 같은 고급스러운 작업실을 닮은 모닉의 한쪽 벽면은 유리창으로 되어 있어 외부 자연광이 자연스럽게 내부를 비추고 밤에는 더욱 은은한 분위기를 연출한다. 와인 저장고가 따로 마련되어 있을 만큼 레드, 화이트, 스파클링, 로제 등 다양한 와인 라인업이 돋보인다. 파스타, 양갈비, 부르스게타 등의 식사류도 판매하고 있어 전문적인 와인 지식이 없어도 편안하게 방문하기 좋은 와인바다.

✎ W NOTE

수원 광교를 대표하는 '단 하나뿐인'이라는 의미를 담은 와인바. 예술가의 작업실을 닮은 고급스러운 공간에 레드·화이트·스파클링·로제까지 다양한 와인 라인업이 돋보인다. 파스타와 양갈비 등 식사 메뉴까지 갖춰 와인 지식이 없어도 편안하게 특별한 저녁을 즐길 수 있다.

수원시 영통구 센트럴파크로127번길 131-6 1층
☎ 0507-1478-9301
🕐 16:00~01:00 (토, 일 12:00 오픈, 화요일 휴무)
📷 fit_ting.room

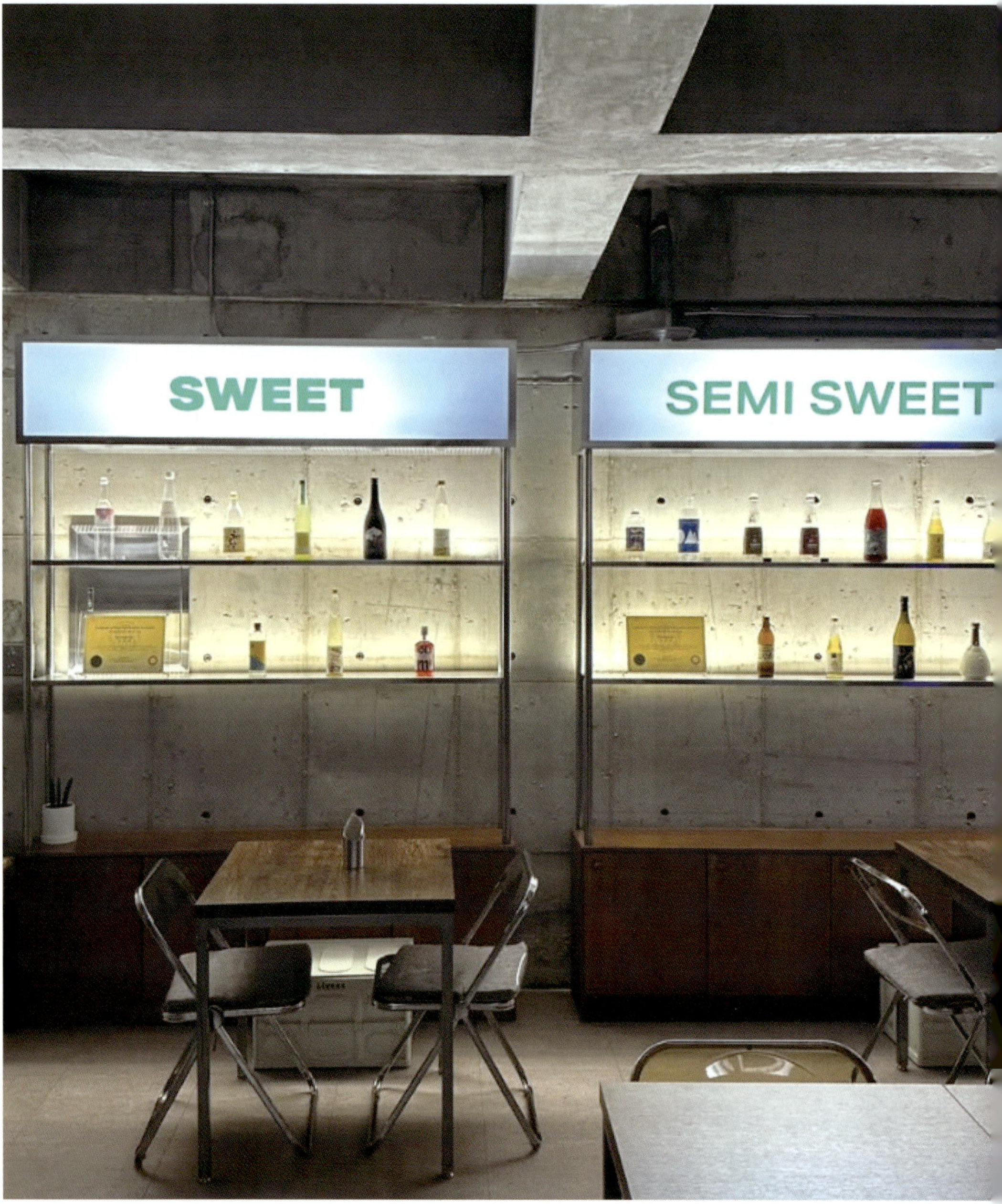

평소에 접하기 어려운 전통주들을 한 번에 만날 수 있는 전통주점 피팅룸. 오랜 요리 경력을 가지고 있는 사장님의 비법이 정성스럽게 담긴 요리와 함께 즐기는 전통주의 매력에 푹 빠질 수 있는 곳이다. 개성 있는 한식 메뉴에 어울리는 전통주를 찾아보는 것도 피팅룸에서 느낄 수 있는 행복이다.

전통주 소믈리에 자격증을 가진 사장님과 술에 대해 궁금한 점 혹은 술과 관련된 이야기를 편하게 나눌 수 있다는 것도 장점 중 하나. 담백하고 깊은 국물 맛이 일품인 스지 전골과 콩나물과 매콤하게 볶아낸 스지 볶음이 피팅룸의 대표 안주다. 모던한 외관에 통유리를 통해 내부가 훤히 보이는 밝고 세련된 분위기에 인더스트리얼한 감성이 더해진 공간으로 전통주 병이 진열된 벽면은 마치 전통주 갤러리 같은 느낌을 자아낸다. 잔술 샘플러도 판매하고 있으니 낯선 전통주가 망설여진다면 샘플러로 맛을 보고 선택할 것을 추천한다.

✎ W NOTE

전통주 소믈리에 사장님과 함께 접하기 어려운 전통주를 탐험하며 개성 있는 한식 안주와 페어링하는 재미가 있는 공간. 잔술 샘플러로 낯선 전통주를 부담 없이 맛볼 수 있어 입문자도 자신만의 취향을 찾아가기에 더없이 좋다.

수원시 영통구 법조로 25 광교sk뷰레이크타워
상가동 지하1층 b103, b104호
☎ 0507-1493-3425
17:00~01:00 (금, 토 02:00까지, 월요일 휴무)
dianoche.dining.bar

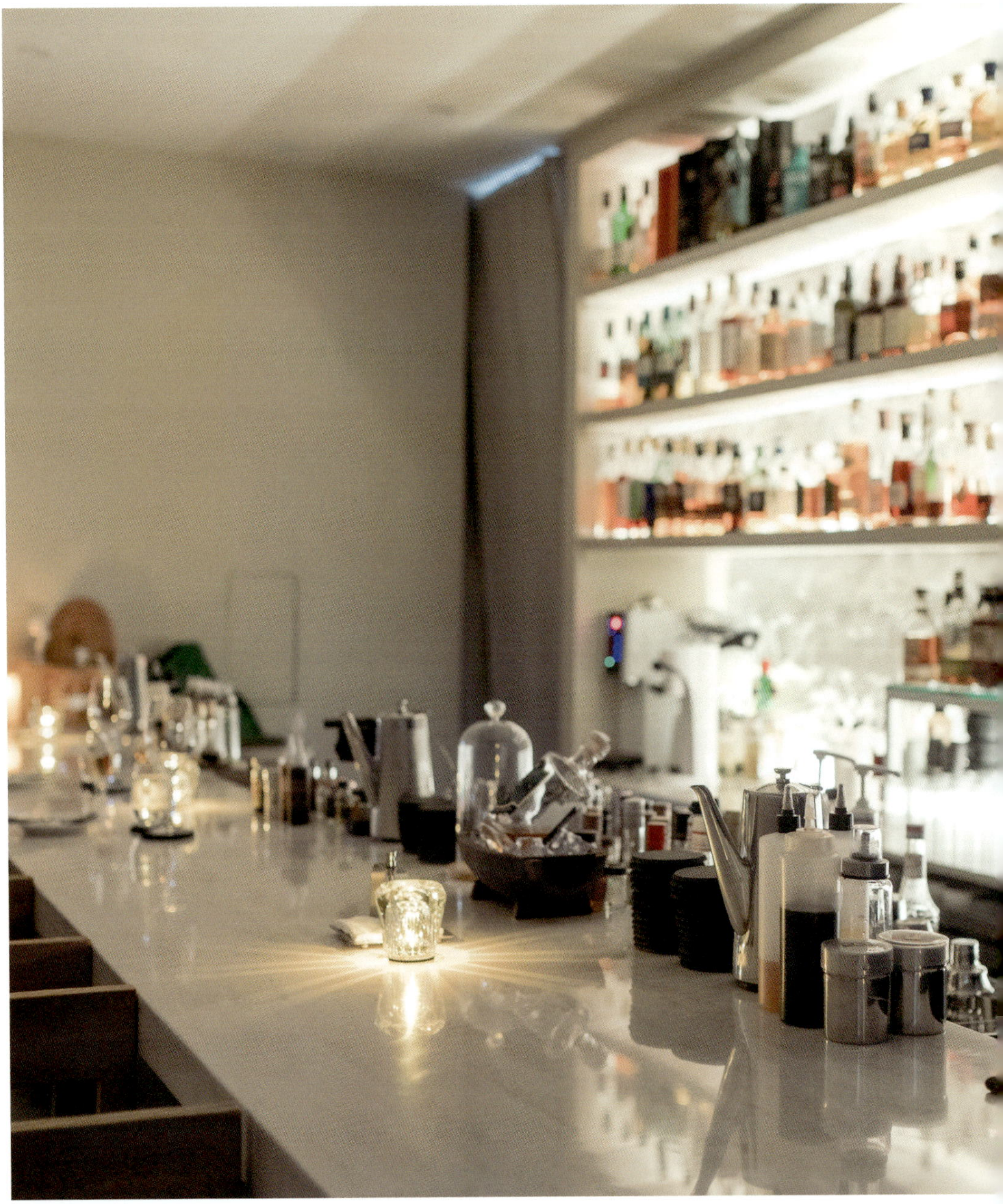

수원 광교 호수공원 근처 화사한 화이트 톤의 아트 오브제가 마치 작은 갤러리를 연상케 하는 디아노체. 아늑한 조명과 세련된 인테리어로 감성 있는 분위기를 완성했다. 와인, 칵테일, 위스키를 아우르는 다양한 주종의 구성이 돋보이고 바텐더와 셰프의 추천 서비스도 제공받을 수 있다. 간단한 안주만 판매하는 여느 바와는 달리 가지 브루스케타, 트러플 프라이즈 등의 간단한 요리를 비롯해 등심 스테이크와 파스타까지 판매하고 있고, 디너 코스도 있어 특별한 날 저녁 식사 장소로도 추천한다. 호수공원 산책 후 여유로운 자연과 도심 감성을 동시에 느끼며 가볍게 마시고 싶을 때, 퀄리티 있는 안주와 함께 위스키를 즐기고 싶을 때, 프라이빗 룸에서 여럿이 모임을 하고 싶을 때, 디아노체에 방문한다면 모두가 만족할 만한 시간을 보낼 수 있다.

W NOTE

광교 호수공원 근처, 아트 갤러리를 연상케 하는 세련된 공간에서 위스키, 칵테일, 와인은 물론 등심 스테이크와 디너 코스까지 즐길 수 있다. 호수 산책 후 여유로운 한 잔부터 프라이빗 룸 모임까지 어떤 상황에도 완벽하게 어울리는 곳이다.

채링크로스84번지

수원시 영통구 도청로18번길 26 힐스테이트광교중앙역 지하2층 비237층　☎ 0507-1321-8669

19:00~24:00(토,일 18:00오픈,일 23:00까지, 화요일 휴무)　charing84_BAR

'술이 아닌 휴식을 파는' 광교 신도시 속 아담한 위스키바 채링크로스84번지. 대부분의 위스키를 잔술 위주로 판매하고 있어 위스키 초보자도 부담 없이 방문해 자신의 취향에 맞게 위스키를 즐길 수 있다. 위스키를 진열한 벽면은 마치 책장처럼 양쪽으로 개방이 가능해 공간의 분위기를 다양하게 연출할 수 있고 곳곳에 읽을만한 책이 있어 조용히 독서를 할 수도 있다.

16명 내외의 소규모 파티도 가능하고 평소에는 조용히 혼자 방문하기도 좋은 분위기로 시끄러운 공간이 부담스러운 이들에게 추천하는 곳이다. 책과 위스키가 전해주는 위로가 하루의 마무리를 더욱 특별하게 만들어주는 곳. 영국의 헌책방 거리로 유명한 채링크로스가의 한 서점과 뉴욕의 한 가난한 여류작가가 20년 동안 책을 통해 소통한 편지들을 소재로 만든 <채링크로스 84번지>라는 책에서 이 공간의 이름을 그대로 따왔다.

✎ W NOTE

광교 신도시 속 '술이 아닌 휴식을 파는' 아담한 위스키바로, 잔술 위주 판매로 위스키 입문자도 부담 없이 취향을 찾아갈 수 있다. 책장처럼 열리는 위스키 진열 벽면과 곳곳의 책이 어우러져 조용한 독서와 위스키가 함께하는 특별한 하루의 마무리를 선사한다.

묵직한 원목 테이블과 엔티크한 분위기
테일스
성남시 분당구 성남대로 381 폴라리스빌딩 105호
0507-1358-3551
19:00~02:30
tales_korea

불특정 다수에게 공개되지 않고 아는 사람만 찾아갈 수 있는 은밀한 바. 보통은 간판이 없거나 출입구가 숨겨져 있는 것이 특징인 스피크이지 바의 무드를 연출하고 있는 분당의 테일스 바. 입구가 눈에 띄지 않기 때문에 찾기 힘들지만, 오히려 프라이빗한 공간으로 각광받고 있다. 스코틀랜드를 비롯한 일본, 대만, 인도 등 세계 각국의 다양한 싱글몰트 위스키를 엄선해 분당 내 최다 주류 라인업을 보유하고 있다.

싱글 몰트 위스키와 감각적이고 독창적인 칵테일을 즐기고 싶을 때 찾으면 후회 없는 시간을 만끽할 수 있다. 보드카, 데낄라, 럼, 진 등 주종과 상관없이 바텐더의 세심한 맞춤 서비스가 매력적인 곳이다. 다소 어둡지만 은은하고 따뜻한 분위기의 클래식 바 느낌으로 고급스럽고 아늑한 분위기를 연출하고 있는 테일스를 방문하고 싶다면 예약 후 방문할 것을 권장한다.

W NOTE

간판도 없고 입구도 숨겨진 분당의 스피크이지 바로, 세계 각국의 싱글몰트 위스키 분당 최다 라인업을 자랑한다. 아는 사람만 찾아오는 프라이빗한 분위기 속에서 바텐더의 세심한 맞춤 서비스와 함께 깊고 고급스러운 한 잔을 즐기고 싶다면 예약 후 꼭 방문해보자.

낮과 밤을 잇는 음악 맛집

헤르츠

📍 수원시 영통구 대학로 60 리치프라자 3관 1층
☎ 0507-1352-2965
🕐 11:00~24:00 (일 22:30까지)
⭕ hertz_tuneyourtime

낮에는 카페, 밤에는 LP바의 매력을 동시에 지닌 헤르츠는 음악에 진심인 이들에게 천국 같은 장소다. 내부에는 수많은 LP가 꽂혀 있고 손님은 듣고 싶은 음반을 신청할 수 있다. 음향 시스템 또한 고급스럽게 설계되어 있는데 오디오 애호가들의 찬사가 이어질만큼 재생 음질이 뛰어나다. 위스키와 와인 등 다양한 주류 외에도 커피와 논알콜 옵션이 있어 낮에도 밤에도 모두 어울린다. 날씨가 좋은 날에는 아늑한 야외 테라스 자리에 앉아 바깥 바람과 함께 LP 사운드를 즐길 수 있다.

헤르츠의 가장 큰 매력은 오전 11시부터 밤까지 운영되어 한낮의 커피 타임부터 저녁 데이트, 심야의 음악 감상까지 다양한 순간들에 적합하다는 것이다. 조용한 대화, 음악에 몰입하는 시간, 모두를 즐길 수 있으며, 손님들은 헤르츠에서 음악이 주는 여유와 술이 주는 따뜻함을 즐기며 특별한 밤을 맞이한다.

W NOTE

수많은 LP와 하이엔드 오디오 시스템이 채운 공간에서 오전 11시부터 심야까지 커피, 위스키, 와인을 모두 즐길 수 있는 LP바. 날 좋은 날 야외 테라스에서 바람과 함께 LP 사운드를 즐기는 경험은 헤르츠에서만 누릴 수 있는 특별한 여유다.

위스키 애호가들이 사랑하는 공간

엔젤스 셰어

성남시 분당구 판교역로 10번길 12-16 101호

0507-1359-3551

19:00~03:00 (일 02:00까지)

angelsshare_korea

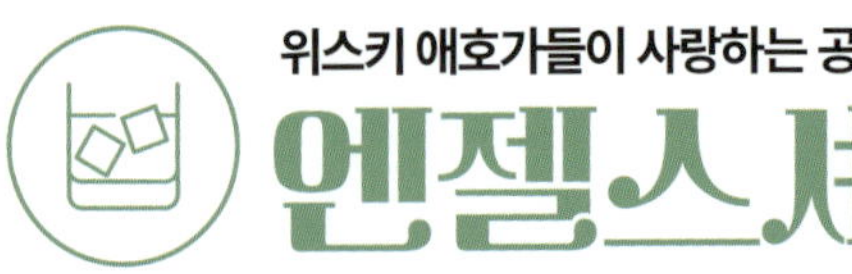

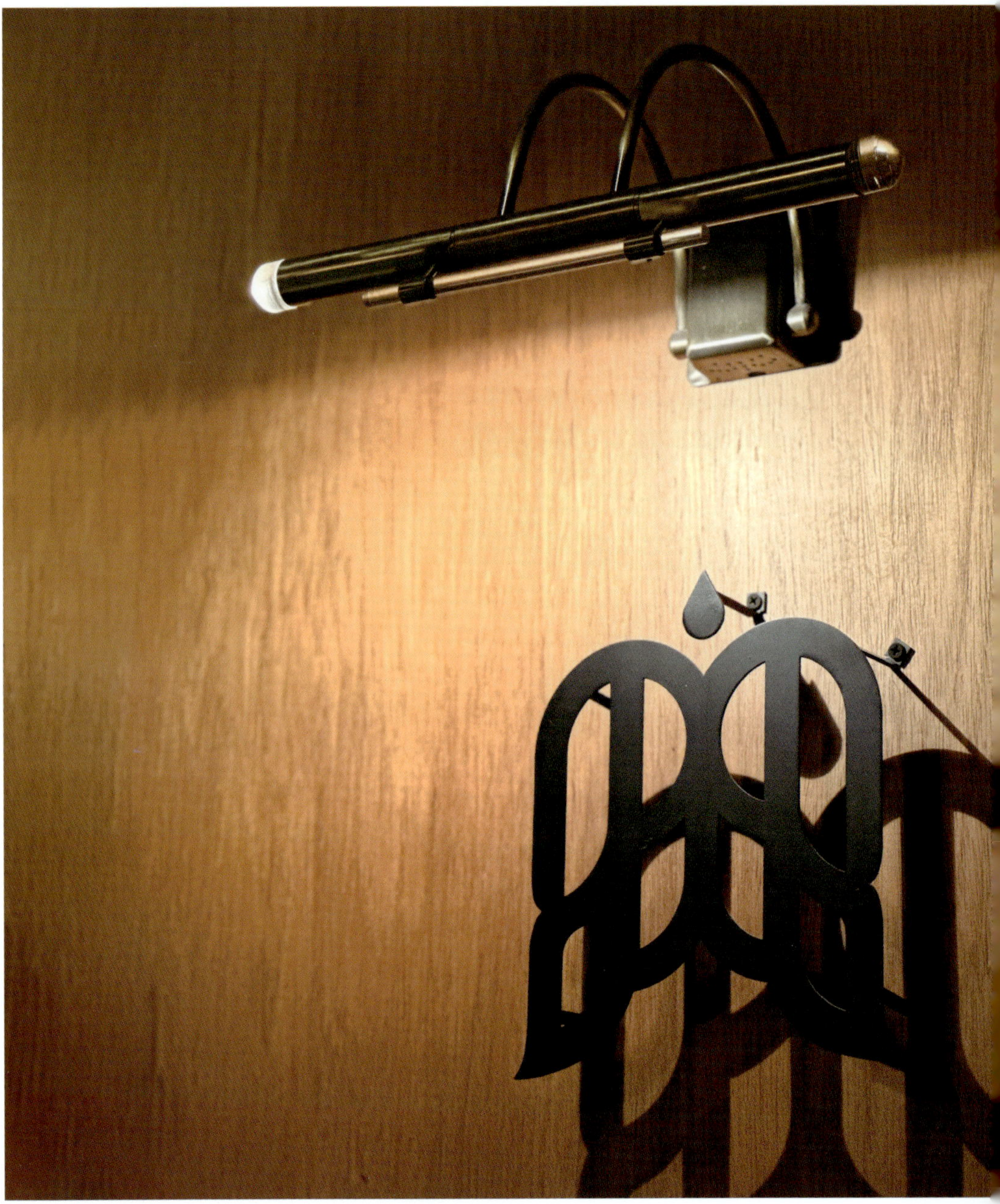

분당구 백현동 카페 거리에 자리한 엔젤스셰어는 위스키와 칵테일 애호가 사이에서 숨겨진 진주 같은 곳이다. 입구 간판이 작고 내부 좌석도 10석 내외로 규모는 아담하지만 깊이 있는 위스키 문화와 이야기를 접할 수 있다.
싱글 몰트 위스키부터 클래식 칵테일까지 폭넓은 라인업이 준비되어 있으며, 위스키에 대해 차분히 알아가기 최적의 장소다. 톤 다운된 조명과 우드 소재가 어우러져 일상의 분주함을 내려두고 여유를 만끽할 수 있는 곳으로 바텐더와의 대화와 위스키의 깊은 향이 기분 좋은 경험을 완성한다. 혼자 가더라도 부담 없이 머물 수 있는 분위기가 장점이고 기본 안주로 크래커, 견과류, 초콜릿 등이 제공된다.

✎ W NOTE

분당 백현동 카페 거리에 숨겨진 10석 남짓의 아담한 바로, 싱글몰트 위스키부터 클래식 칵테일까지 깊이 있는 위스키 문화를 차분히 경험할 수 있다. 혼자여도 부담 없이 머물 수 있는 분위기와 바텐더와의 대화가 더해져 위스키의 향만큼 기분 좋은 밤을 완성한다.

미드나잇 인 파리

성남시 분당구 정자일로 140 201동 114호 ☎ 0507-1394-0399 🕐 17:30~01:00 (월 24:00까지, 일요일 휴무) 📷 midnight.in.paris__

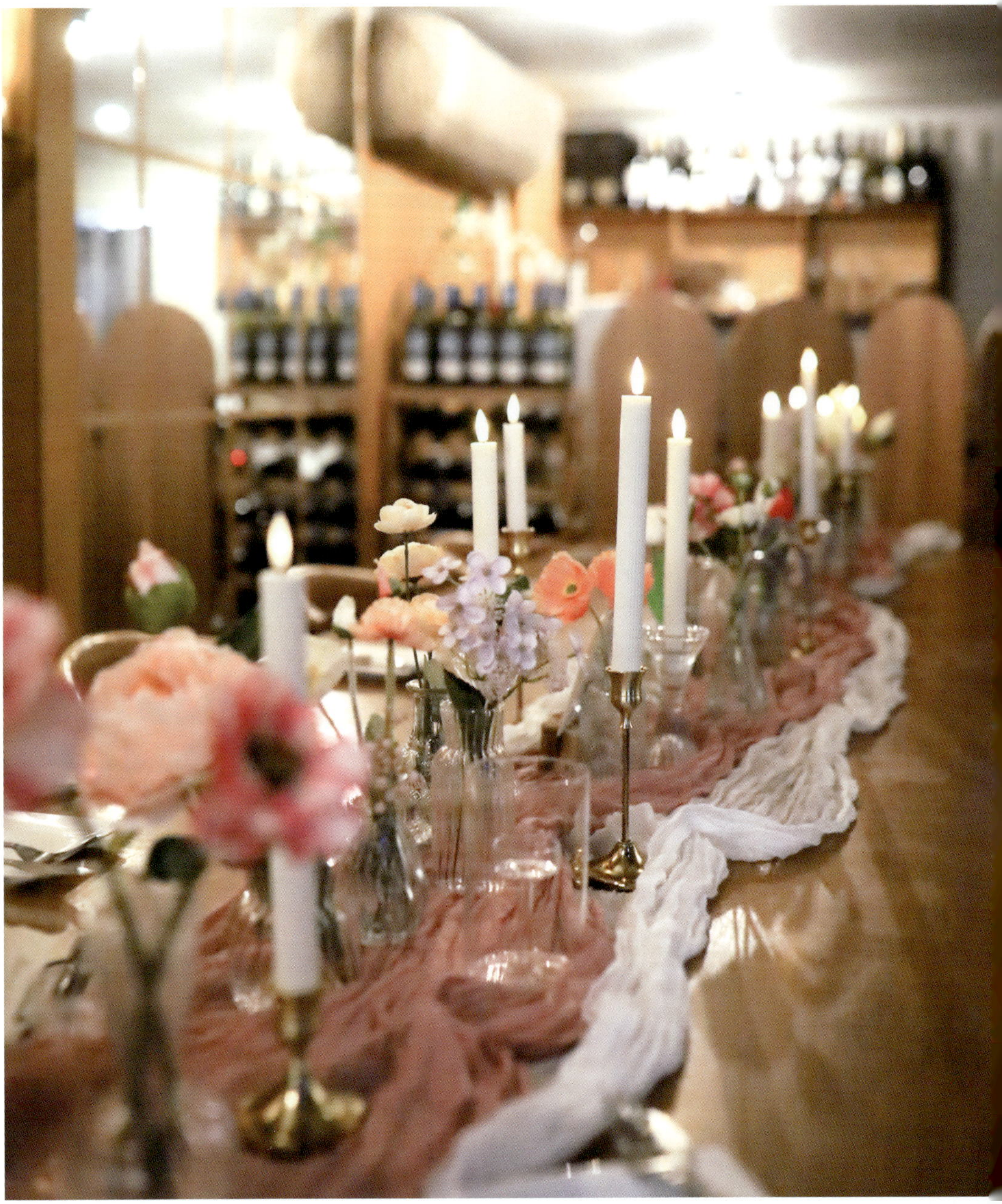

프렌치한 감성의 미드나잇 인 파리는 정자동 카페 거리에 있는 프렌치 바이다. 문을 여는 순간 파리의 빈티지 살롱을 옮겨온 듯 은은한 조명과 재즈가 흐르고 공간 곳곳에 배치된 올드 포스터와 금빛 디테일은 시간 여행을 떠나는 듯한 분위기를 완성한다. 클래식과 모던을 절묘하게 섞은 시그니처 칵테일을 맛볼 수 있고 프렌치 감성이 가득한 파스타와 뇨끼 등의 메뉴가 와인과 잘 어울린다.

레몬 버터 향의 하우스 하이볼은 이 공간을 기억하게 하는 상징과도 같다. 늦은 시간에도 차분함을 잃지 않는 분위기로 데이트, 모임 장소로 인기가 많다. 아담한 공간이지만 잠시 파리에 다녀온 기분을 느끼게 하는 감각적인 장소다.

W NOTE

정자동 카페 거리, 빈티지 살롱을 옮겨온 듯한 재즈와 금빛 디테일이 파리로의 시간 여행을 선사하는 보기 드문 프렌치 바. 레몬 버터 향의 하우스 하이볼과 프렌치 감성의 파스타·뇨끼가 어우러져 아담한 공간에서도 데이트와 모임 모두 로맨틱하게 완성된다.

바버숍을 지나 스피크이지 바 속으로

잇트

성남시 분당구 대왕판교로 606번길 10
알파리움타워 1동 107호

0507-1486-2789

18:00~03:00

it.pangyo

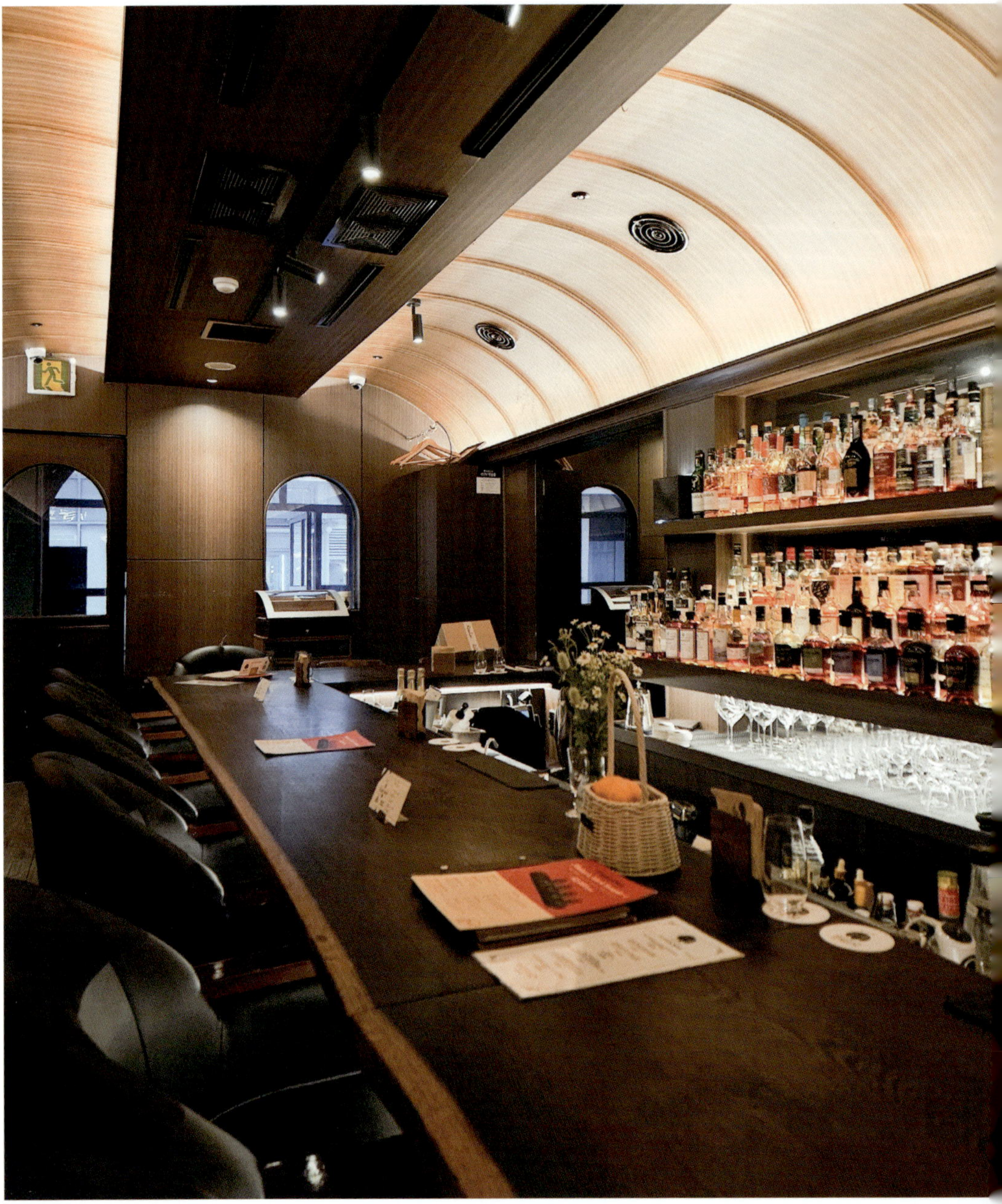

문을 열고 들어서면 화려함 대신 절제된 단단한 우드 무드가 두드러지는 곳. 마치 전혀 다른 세계로 이동한 듯한 느낌이 드는 공간이다. 칵테일 메뉴는 전형적인 리스트가 아닌 타닌, 구름, 모래, 비눗방울, 순수와 같이 텍스처 기반의 시그니처 5종으로 구성되어 있어 마시는 경험 자체를 새롭게 정의해준다.

잇트는 특히 화려한 안주가 많은데 쿠시아게 3종부터 직화 민물장어 소바 등을 판매하고 있다. 좌석 수가 적지만 그만큼 공간의 밀도가 높아 혼자 머무르기도 소중한 이와 함께 찾기도 좋다. 잇트만의 시그니처 칵테일과 함께 하면 잔 속 알코올 향기보다 감각이 더 또렷해지는 순간을 경험하게 된다. 묵직한 향을 좋아한다면 타닌을 소프트한 무드를 선호한다면 구름을 깔끔하고 맑은 향을 좋아한다면 순수 칵테일을 권한다.

W NOTE

타닌, 구름, 모래, 비눗방울, 순수 등 텍스처로 이름 붙인 시그니처 칵테일 5종이 마시는 경험 자체를 새롭게 정의하는 절제된 우드 무드의 공간. 직화 민물장어 소바 등 화려한 안주와 함께 취향에 맞는 칵테일 한 잔을 고르는 순간, 감각이 더욱 또렷해지는 특별한 밤이 시작된다.

핌리코

성남시 분당구 정자일로 146
엠코헤리츠 101동 107호
☎ 0507-1360-2320
🕐 11:00~01:00 (토, 일 24:00까지)
📷 pimlico_official

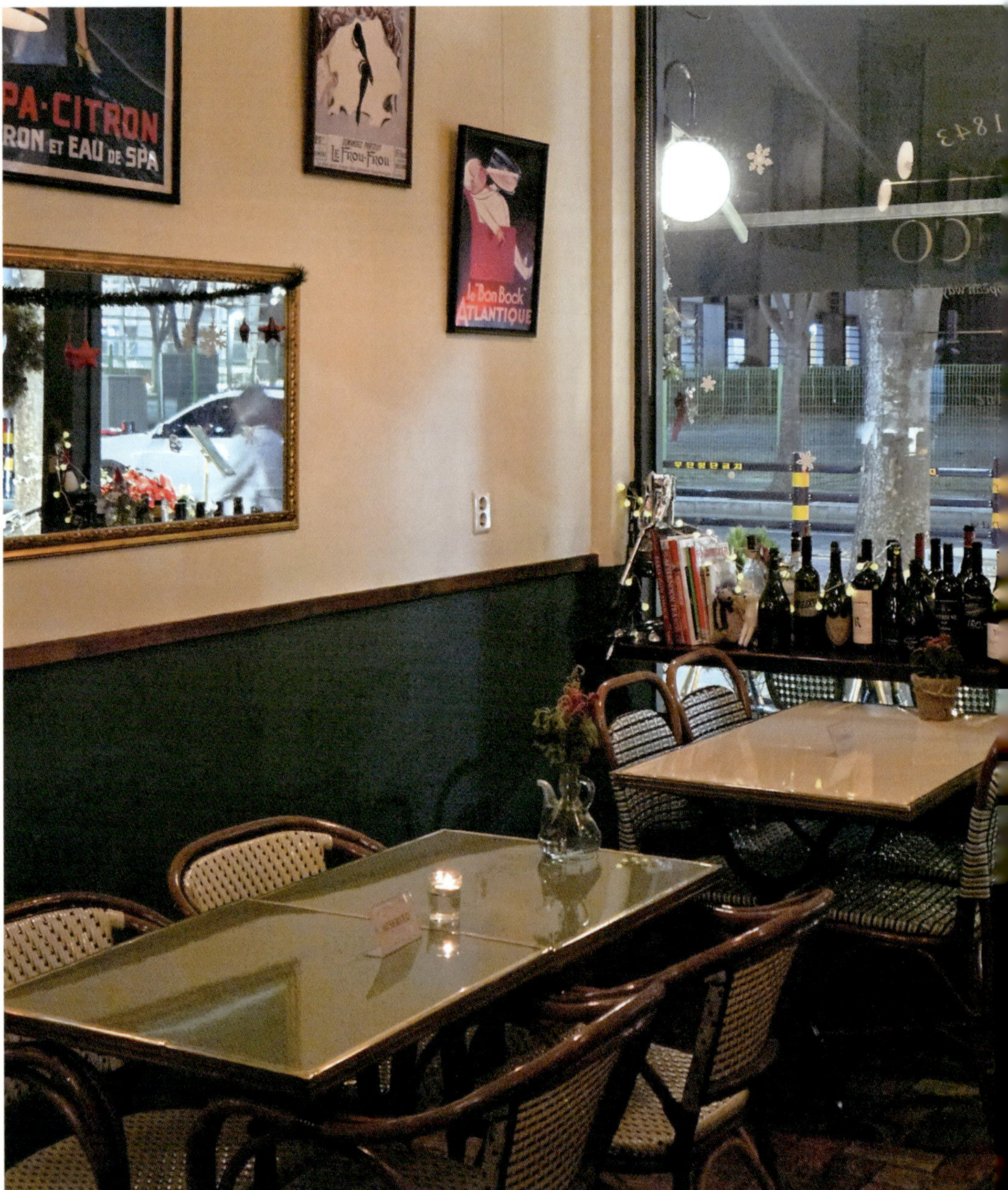

정자동 카페 거리에 있는 핌리코는 유럽의 작은 마을의 와인 비스트로를 닮은 곳이다. 낮에는 은은한 햇살을 마주하며 브런치를 즐길 수 있고 저녁이 되면 로맨틱한 분위기에서 와인을 즐길 수 있다. 글라스 와인부터 100종 이상의 보틀 와인까지 선택의 폭이 넓어 누구나 부담 없이 찾을 수 있다.

피자와 파스타, 샐러드 등 식사 메뉴의 완성도가 높아 데이트 코스나 가벼운 모임 장소로도 훌륭하다. 반려견 동반도 가능하며 취향에 따라 와인을 골라주는 직원들의 친절한 응대가 돋보인다. 내부도 좋지만 날이 좋으면 반려견과 함께 외부 테라스 자리에 앉아 식사를 하는 모습도 자주 볼 수 있다. 매장 내부는 층고가 높아 개방감이 높고 화가의 아틀리에에 온 듯한 차분하면서 감각적인 인테리어가 머무는 내내 편안함을 전해준다.

✎ W NOTE

유럽 와인 비스트로를 닮은 이곳은 낮엔 브런치, 저녁엔 로맨틱한 와인 한 잔으로 하루 내내 머물고 싶은 공간이다. 반려견 동반과 테라스 자리까지 갖춰 데이트와 가벼운 모임 어디에나 잘 어울리는 정자동의 감각적인 쉼터.

정자동 카페 거리에 위치한 전통주 바
희야식당
성남시 분당구 정자일로 140 1층 B115호
0507-1474-2351
17:30~23:30 ((월 22:00까지, 일요일 휴무)
heeyasikdang

과천
미주
9도
500ml

퓨전한식 요리주점이라는 콘셉트로 한식의 정갈함과 현대적인 감각을 절묘하게 결합한 메뉴를 선보이고 있는 희야식당. 크림 순대, 청어알 카펠리니 등 어디서도 쉽게 접하기 어려운 창의적인 요리들이 테이블 위에 펼쳐진다. 특히 전통 막걸리부터 내추럴 와인까지 엄선된 주류 라인업은 음식과의 페어링을 중요하게 여기는 미식가에게도 만족스러운 경험을 제공한다.

세련된 인테리어와 아늑한 조명이 어우러진 내부 공간은 어떤 모임에도 잘 어울린다. 신분당선 정자역 인근에 있어 교통이 편리하며 맛과 멋이 어우러진 정자동의 숨은 보석과 같은 공간이다. 특히 깔끔한 전통주와 곁들일 수 있는 요리가 생각나는 날 찾으면 만족스러운 한 잔을 즐길 수 있다.

W NOTE

교차점에서 시작되는 한 잔의 무드

코너21

성남시 분당구 정자일로 136

0507-1366-7011

18:00~02:00

corner21_kr

정자동 카페 거리에서 밸런스 좋은 칵테일을 마시고 싶을 때 추천하고 싶은 곳이다. 차분하고 세련된 느낌의 코너 21은 우드와 블랙 톤이 조화롭게 어우러져 세련된 분위기를 연출하고 있다. 길게 뻗은 바 앞 좌석에서는 바텐더가 칵테일을 만들어주는 모습을 볼 수 있고 칵테일부터 위스키, 와인까지 폭넓은 주류 라인업이 준비되어 있어 취향에 따라 혹은 기분에 따라 잔을 바꿔볼 수 있다.

만 원 후반부터 2만 원 초반의 칵테일이 기본이며, 은은한 조명 아래 우드와 블랙 톤이 만들어내는 차분한 분위기가 오래 머물고 싶게 만든다. 싱글몰트 위스키 라인업도 탄탄하게 갖춰져 있어 칵테일과 번갈아 즐기기에도 좋다. 브랜디 베이스와 레몬, 오렌지 향을 중심으로 깔끔하면서도 깊이 있는 맛을 느낄 수 있는 Sidecar 칵테일이 가장 인기가 높다.

W NOTE

우드와 블랙 톤의 세련된 분위기 속에서 바텐더가 칵테일을 완성하는 모습을 바 좌석에서 직접 볼 수 있는 곳. 브랜디 베이스의 깔끔하면서 깊이 있는 Sidecar 칵테일이 압도적인 인기를 자랑하며, 칵테일부터 위스키·와인까지 기분에 따라 잔을 바꿔가는 재미가 있다.

퇴근길 하루를 정리하는 위스키 한 모금
위스키카운티
성남시 분당구 황새울로 348
1층 103-1호
☎ 0507-1370-1364
🕐 11:00~21:00 (월요일 휴무)

분당 서현역 인근, 통창 너머로 일상의 친숙함이 스며드는 위스키 공간이 있다. 저렴하게 바틀을 구입할 수 있고, 몇 천 원만 더하면 테이스팅으로 다양한 위스키를 경험할 수 있어 서현의 '위스키 명소'로 불리기 충분한 곳이다. 한켠은 바틀샵, 다른 한켠은 제법 분위기 있게 꾸며진 테이스팅 바로 운영된다. 일본 위스키처럼 구하기 까다로운 바틀도 부담 없는 가격으로 맛보고, 마음에 들면 바로 구매로 이어갈 수 있다. 진열대에는 일품진로가 연도별로 가지런히 놓여 있어 구경하는 재미도 쏠쏠하다.

운영 방식도 신뢰를 만든다. 한 사람에게 다섯 잔 이상은 판매하지 않는 원칙을 지켜 과음보다 테이스팅의 본질에 집중하게 한다. 무엇을 마실지 고민하는 사람에게는 위스키에 대한 이론과 설명을 꽤 깊이 있게 풀어주고, 향과 맛을 따라가는 포인트까지 친절하게 짚어준다. 위스키 입문자라면 문턱 낮게 꼭 한 번 들러볼 만한 곳이다.

📝 W NOTE

바틀샵과 테이스팅 바를 동시에 운영하는 위스키 명소. 구하기 까다로운 일본 위스키도 부담 없는 가격에 맛보고 바로 구매까지 이어갈 수 있다. 한 사람에게 다섯 잔 이상 판매하지 않는 원칙과 친절한 이론 설명이 더해져 위스키 입문자에게 특히 강력히 추천하는 곳이다.

칵테일과 디저트 빵이 어우러진 감성 위스키 바

바눌레

시흥시 서울대학로278번길 19-8 새롬프라자 105호
☎ 0507-1315-3408
🕐 19:00~02:00
bar_nele

배곧의 조용한 골목, 혼술을 하고 싶어 걷다가 우연히 발견한 이곳은 단숨에 '위스키 맛집'이라는 확신을 주는 공간이다. 첫 잔으로 시작했지만, 바텐더의 섬세한 추천과 매력적인 칵테일에 이끌려 어느새 몇 잔째.

진심이 느껴지는 친절한 응대, 조도를 낮춘 아늑한 분위기, 그리고 까눌레와 휘낭시에처럼 정성스레 구워낸 디저트가 위스키와 놀라울 만큼 잘 어울린다. 혼자여도, 누구와 함께여도 좋은 이곳은 단순한 바를 넘어선 경험을 선사하며, 드디어 '배곧 1티어 바'를 찾았다는 만족감을 안겨주는 특별한 장소다.

＼W NOTE

섬세한 바텐더의 추천과 매력적인 칵테일, 정성스럽게 구워낸 까눌레·휘낭시에 디저트가 위스키와 놀라울 만큼 잘 어울리는 공간. 혼자여도 누구와 함께여도 단순한 바를 넘어선 경험으로 배곧 1티어 바의 만족감을 안겨준다.

한 잔의 섬세함이 머무는 인덕원의 미니멀 바

바이너리

📍 안양시 동안구 동편로 16 상가 110호
☎ 0507-1321-5150
🕐 18:00~01:30 (일 24:00까지, 월요일 휴무)
📷 vinery___

인덕원 동편마을, 조용한 주택가 한켠에 자리한 미니멀 바 'vinery'. 군더더기 없이 깔끔하면서도 감각적인 분위기를 자아낸다. 12년 경력의 주류 전문가가 손님 한 사람, 한 사람의 취향에 맞춰 섬세하게 칵테일을 완성해 주는 이곳은 화려한 장식 없이도 깊은 인상을 남긴다.

기본 안주는 까나페, 초콜릿, 크래커 정도로 간결하지만, 그 이상의 환대와 배려가 이 공간을 특별하게 만든다. 혼자 머물기에도, 소중한 사람과 의미 있는 시간을 보내기에도 완벽한 곳. 과하지 않은 우아함 속에서 조용히 위로받고 싶은 밤, 추천하고 싶은 공간이다.

W NOTE

인덕원 주택가 한 켠의 미니멀 바. 12년 경력의 주류 전문가가 한 사람 한 사람의 취향에 맞게 칵테일을 섬세하게 완성해주는 곳이다. 화려한 장식 없이도 과하지 않은 우아함 속에서 조용히 위로 받고 싶은 날에 더욱 더 완벽한 공간이다.

샌프란시스코 감성의 와인바

필모어스트릿

안양시 만안구 태평로52번길 21
상가동 3층 320호
☎ 0507-1301-2784
🕐 18:00~24:00 (월요일 휴무)
📷 fillmore_street

샌프란시스코 감성의 와인바. 따뜻한 조명 아래 잔잔한 음악이 흐르고, 와인 한 잔 곁들일 수 있는 포근한 공간이 있다. 2018년, 음악과 와인을 좋아하는 동네 사람들이 편히 들를 수 있도록 문을 연 이곳은 지금도 꾸준히 사랑받고 있다. 와인과 곁들일 수 있는 음식은 요리연구가인 동생이 직접 개발해 진심을 담았고, 고사리들깨크림파스타, 헝가리식 스튜 등 흔치 않은 메뉴로 입맛을 사로잡는다.

와인, 맥주, 칵테일을 편하게 즐길 수 있을 뿐 아니라, 격월 셋째 주 토요일엔 정기 연주회, 하우스콘서트도 열려 음악과 어울리는 밤을 선사한다. 소모임이나 발표회, 작은 무대가 필요한 이들에게도 열려 있는 따뜻한 공간이다.

W NOTE

샌프란시스코 감성의 따뜻한 와인바. 요리연구가가 개발한 고사리들깨크림파스타·헝가리식 스튜 등 흔치 않은 메뉴가 와인과 어우러진다. 격월 정기 연주회와 하우스콘서트까지 열려 음악과 와인이 함께하는 특별한 밤을 원하는 이들에게 안성맞춤인 공간이다.

안산시 단원구 광덕2로 156-11
MK주차타워 201호

☎ 0507-1396-9416

18:00~02:00(일요일 휴무)

vinylvault.official

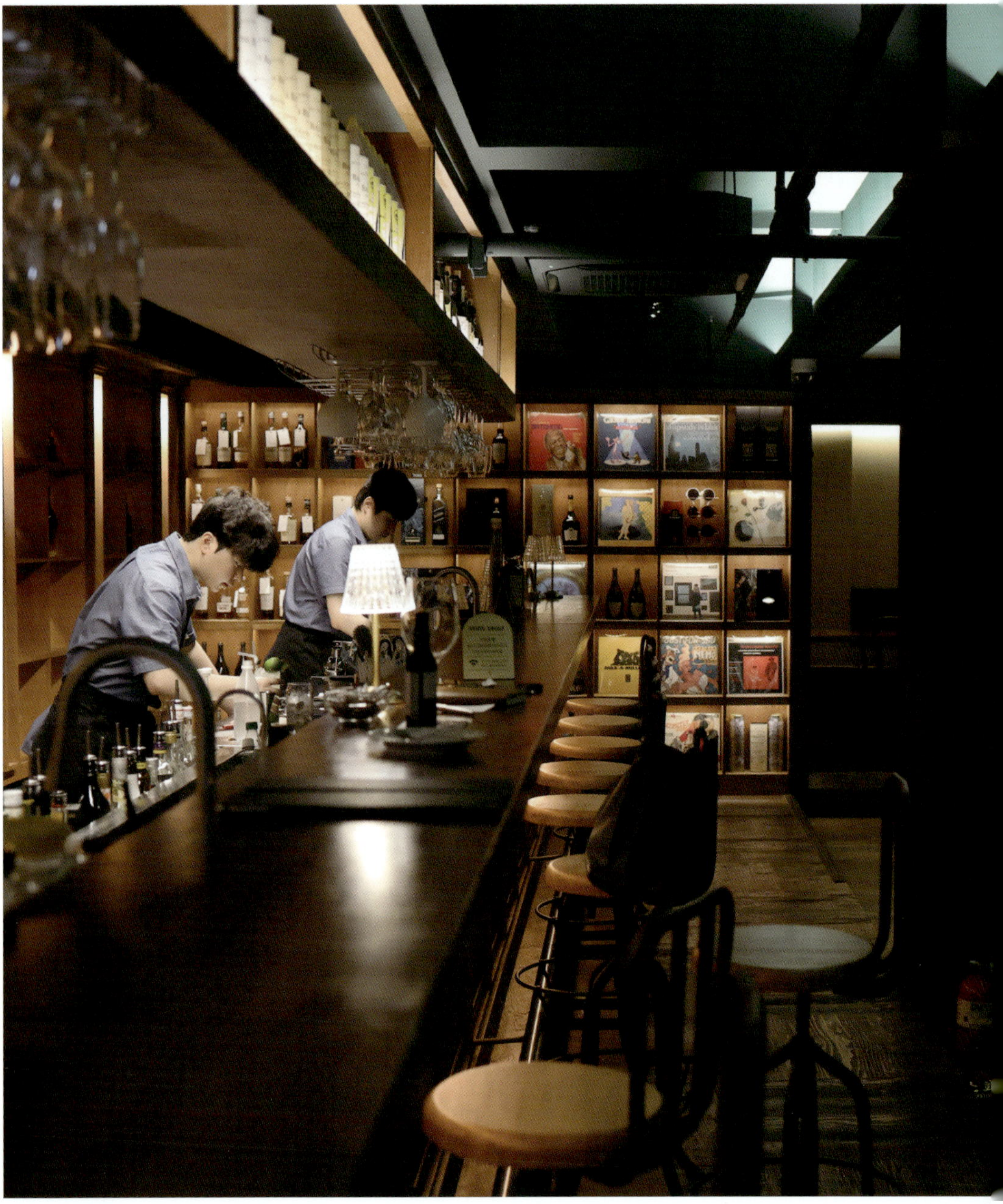

안산의 밤, 명품 하이엔드 스피커에서 흐르는 깊은 LP 사운드와 함께 감바스와 위스키, 와인과 칵테일이 어우러지는 고급스러운 공간 바이닐볼트. 방대한 LP 컬렉션과 음악 박물관 같은 원목 인테리어, 그리고 친절한 안내와 설명이 더해져 단순한 바를 넘어선 경험을 선사한다.
혼자 조용히 음악에 취해도 좋고, 친구나 연인, 가족과 함께 특별한 시간을 보내기에도 완벽한 이곳은 소개팅, 기념일, 소중한 날에 꼭 들러야 할 안산의 숨은 명소다. 원하는 음악을 신청할 수 있어 취향을 나누는 재미도 있으며, 대형 스피커가 주는 풍부한 울림 속에서도 대화는 편안하게 이어진다. 분위기, 맛, 음악, 그 모든 요소가 자연스럽게 어우러진 안산 최고의 LP바다.

🥄 W NOTE

명품 하이엔드 스피커에서 흐르는 깊은 LP 사운드와 함께 감바스, 위스키, 와인, 칵테일이 어우러지는 안산의 숨은 명소. 원하는 음악을 직접 신청하며 취향을 나누는 재미까지 더해져 소개팅, 기념일, 특별한 날 모두 완벽하게 채워주는 안산 최고의 LP바다.

군포시 산본로323번길 20-25 3층

031-399-3997

12:00~01:30 (월 18:00오픈, 일 01:00까지)

music_cafe_owl

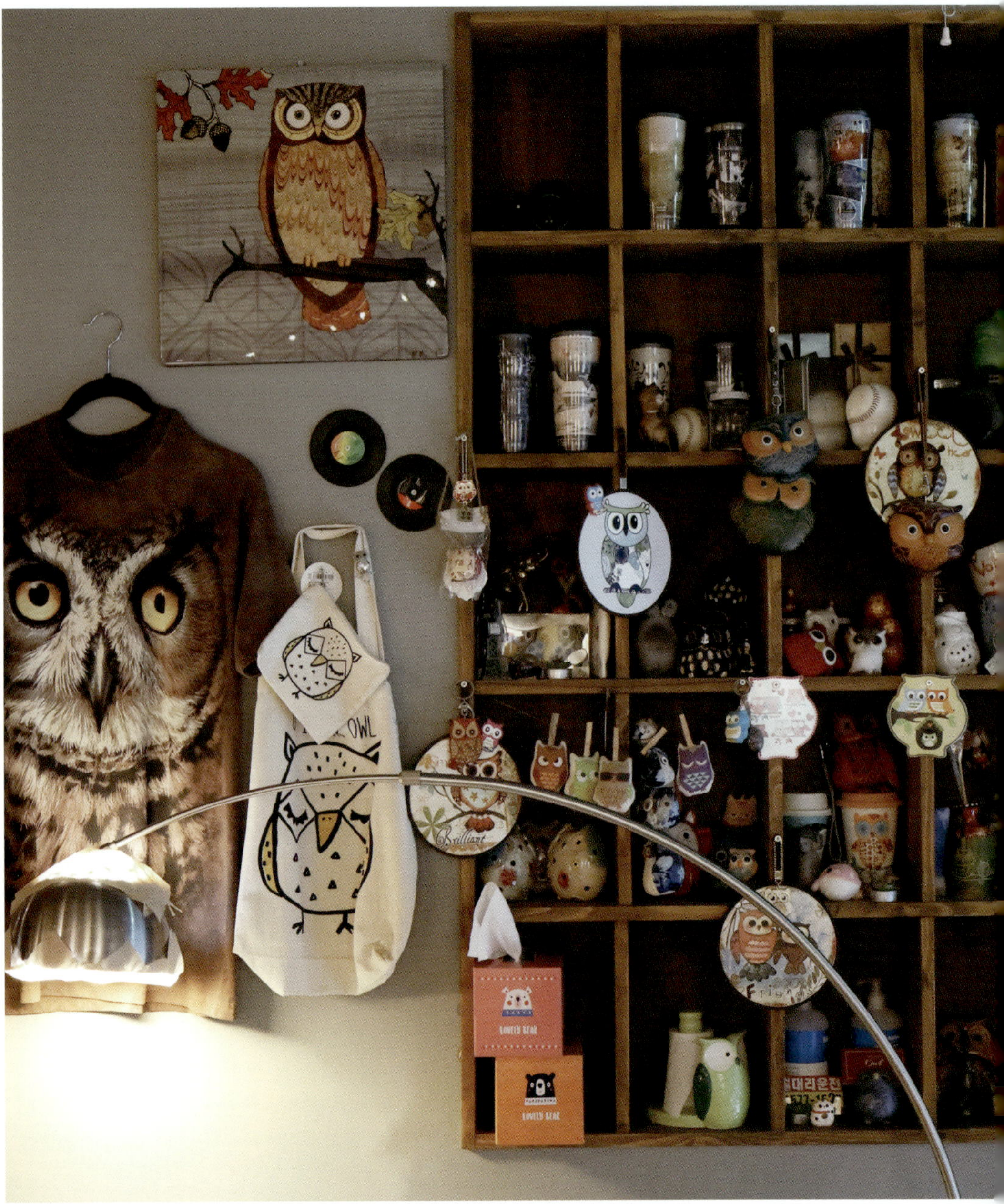

자작나무 스피커와 하이엔드 앰프에서 흘러나오는 깊은 음향, 약 2천 장의 음반이 채운 벽면, 영화 '500일의 썸머'가 조용히 흐르는 공간. 기본 안주로 나오는 크림치즈&크래커, 40종이 넘는 칵테일, 위스키와 와인, 샴페인까지. 시트러스 향이 매력적인 시그니처 칵테일 'City of Star'는 OWL의 분위기를 닮았다.

4명의 바텐더가 쉼 없이 칵테일을 만들며 대화를 이어가는 예술적 정취가 묻어나는 곳. 사장님은 언제나 친절하다. 혼자 와도 좋고, 자주 오고 싶어지는 단골 바. OWL은 밤의 음악이 있는 작은 아지트다.

✎ W NOTE

약 2천 장의 음반이 채운 벽면과 자작나무 스피커의 깊은 음향, 40종이 넘는 칵테일이 어우러진 밤의 아지트. 시트러스 향의 시그니처 칵테일 'City of Star'와 4녕의 바텐더가 이어가는 대화가 이곳을 자꾸 다시 찾고 싶은 단골 바로 만든다.

화성시 동탄구 동탄지성로11
☎ 0507-1387-0672
🕐 18:00~01:00
📷 lamain.bar

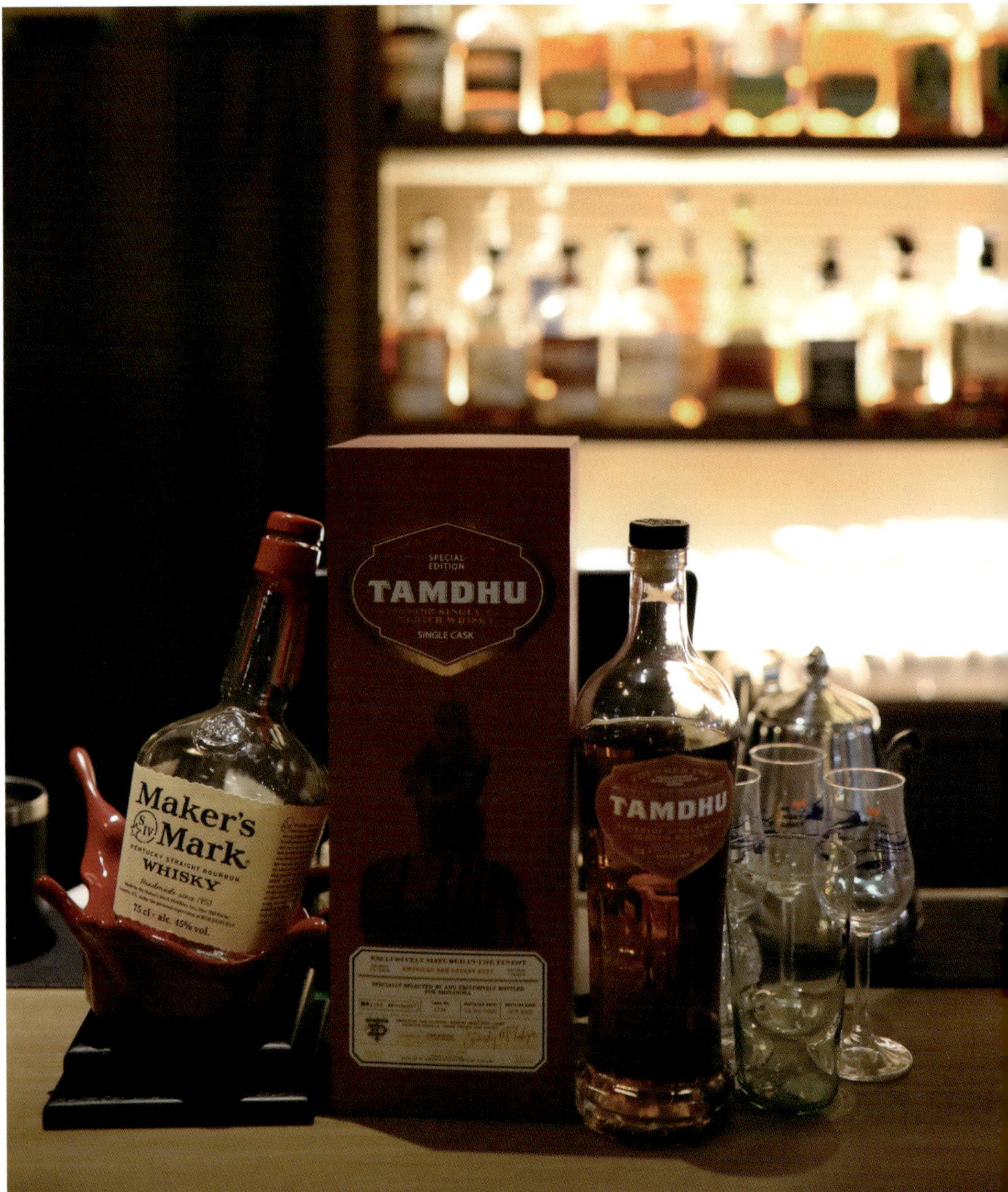

프랑스어로 '손'이라는 뜻의 라망(La main)은 세련되고 아늑한 분위기의 위스키 전문바이다. 다양한 싱글몰트, 버번, 일본위스키에 이르기까지 폭넓은 라인업을 갖추고 있으며 위스키 입문자에게는 친절한 설명으로 위스키의 문턱을 낮춰주고, 위스키 애호가에게는 깊이 있는 위스키 경험을 제공한다.

고급스러우면서 따뜻한 분위기의 인테리어는 조용히 위스키를 음미하기에 최적의 공간이다. 간단한 푸드 페어링 메뉴와 칵테일도 준비되어 있으며 특히 시즌별로 한정 위스키를 수입해 소개하기도 한다. 바 이름처럼 정성스러운 손길이 느껴지는 곳으로 동탄에서 진짜 위스키를 찾는다면 라메인 위스키바는 분명히 기억에 남을 공간이다.

W NOTE

동탄의 위스키 전문바. 싱글몰트부터 버번·일본 위스키까지 폭넓은 라인업과 시즌별 한정 위스키가 애호가의 호기심을 자극한다. 입문자에게는 친절한 설명으로 문턱을 낮춰주고, 고급스러우면서 따뜻한 인테리어가 조용히 위스키를 음미하기에 최적의 환경을 만들어준다.

조용한 선율, 깊은 한 모금

근정전

이천시 어재연로 10번길 6

☎ 0507-1374-2110

🕐 19:30~24:00 (금, 토 01:00까지, 일, 월 휴무)

📷 geunjeongjeon

이천 중리동 골목에 자리한 근정전은 음악과 건축적 감각이 절묘하게 어우러진 공간이다. LP 소리골을 닮은 벽면과 커버를 연상시키는 테이블, 천장, 바닥까지 리듬감을 가득 담고 있으며 손잡이 같은 작은 요소에도 음악적 소울이 가득 느껴진다. 공간을 채우는 LP와 CD, 카세트의 선율은 차분하면서도 아늑한 분위기를 만들어, 작은 재즈 콘서트장에 들어온 듯한 기분을 선사한다.

시그니처 칵테일 'Jazz is for Green'은 제주 말차의 은은한 풍미로 입안을 감싸며 매달 새롭게 선보이는 스페셜 칵테일은 작은 실험 같지만 감각적인 여운을 남긴다. 은은한 조명, 색감, 음악이 어우러진 근정전은 서울의 트렌디한 바와 같은 품격을 지니면서도, 이천이라는 지역성과 잘 어우러져 특별한 여정을 완성시킨다.

W NOTE

LP 소리골을 닮은 벽면부터 테이블, 천장, 바닥까지 음악적 감각이 가득한 이천의 재즈 감성 바다. 제주 말차 풍미의 시그니처 칵테일 'Jazz is for Green'과 매달 바뀌는 스페셜 칵테일이 서울의 트렌디한 바 못지않은 품격으로 이천에서의 특별한 여정을 완성한다.

몰트바 어멘토

📍 인천광역시 연수구 하모니로 138번길 11 캐슬센트럴파크 상가 2층 102동　☎ 0507-1318-8399

🕐 19:00~02:00　📷 aumento.maltbar

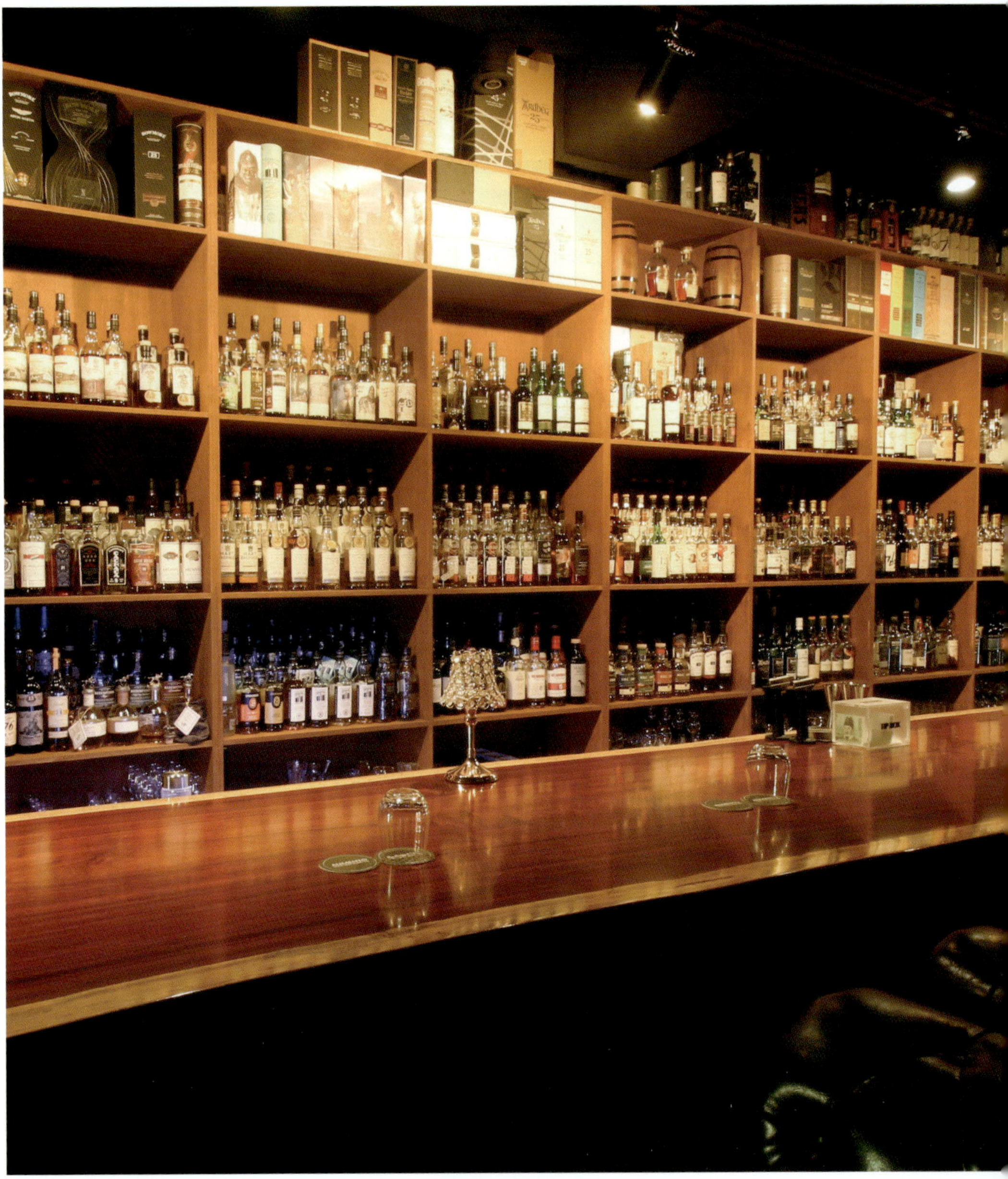

정통 위스키 바의 무게감과 클래식한 분위기를 고스란히 담아낸 인천의 탑티어 바. 바텐더가 고객과 눈높이를 맞출 수 있도록 낮게 설계된 바 공간, 조용하고 품위 있는 인테리어, 크고 편안한 의자까지, 공간 곳곳에 섬세한 배려가 깃들어 있다. 일본 위스키를 포함한 방대한 라인업은 위스키 애호가의 호기심을 자극하며, 가벼운 핑거푸드 중심의 안주는 맛과 비주얼 모두를 만족시킨다. 혼자 와서 책을 읽거나, 조용히 한 잔을 즐기고 싶은 날에도 이상적인 장소. 젊은 대표가 직접 위스키를 공부하며 진심을 담아 운영하는 공간답게, 술에 대한 애정과 디테일한 배려가 곳곳에 배어 있다. 첫 방문에도 단골이 될 수밖에 없는 위스키 바다.

✎ W NOTE

낮게 설계된 바 공간과 품위 있는 인테리어, 편안한 의자까지 섬세한 배려가 곳곳에 깃든 인천의 탑티어 위스키 바. 방대한 일본 위스키 라인업과 젊은 대표의 진심 어린 운영이 첫 방문에도 단골이 될 수밖에 없는 깊은 인상을 남긴다.

품격 있는 밤을 선사하는 배곧의 와인 바
우아한 밤

인천광역시 연수구 하모니로 158
타임스페이스 D동 2층 220호
0507-1360-2093
17:00~01:00
chef.jake.p

초록빛 벽면과 높은 층고가 인상적인 와인 다이닝 바 '우아한 밤'. 전자공학도 출신의 이탈리안 요리 전문가이자 소믈리에 자격을 지닌 대표가 운영하는 이곳은, 외식업 분야에서 수상도 많이 하고 있는 음식과 와인 모두에서 진심이 느껴진다. 비프웰링턴과 문어 뽈보 같은 정제된 요리에 글렌피딕 하이볼을 곁들이면, 기념일이나 특별한 날이 더욱 우아하게 완성된다. 28명 이하 소규모 대관이 가능해 기념일이나 특별한 날을 위한 다이닝으로도 제격이다. 함께할수록 깊어지는 밤, 안락하고 품격 있는 시간을 보내기에 더없이 좋은 곳이다.

W NOTE

초록빛 벽면과 높은 층고가 인상적인 와인 다이닝 바, 소믈리에 자격의 이탈리안 요리 전문가가 이끄는 음식과 와인 모두에서 진심이 느껴지는 공간이다. 비프웰링턴과 글렌피딕 하이볼의 조합처럼 기념일과 특별한 날을 더욱 우아하게 완성해주는, 소규모 대관도 가능한 품격 있는 곳.

WHISKY & WINE BAR GUIDEBOOK
도심 속 애주가를 위한 와인&위스키바 100

지은이 김송은, 김소연, 권윤호
펴낸이 김소연
디자인 김지인, 길윤희
펴낸곳 비파이브크루
전화 031-705-0616, 010-2985-8510
주소 경기도 성남시 분당구 대왕판교로 645번길 12 8층
초판 발행 2026년 3월 16일
ISBN 979-11-988654-3-4
등록번호 제 2024-000153
등록일자 2022년 7월 21일
홈페이지 www.b5crew.com
전자우편 trip@b5crew.com

* 본문에 소개한 정보는 2026년 3월을 기준으로 발행되었으니
  반드시 미리 확인 후 방문하시길 바랍니다.